PRIX : **60** *centimes.*

Tancrède MARTEL

DOÑA BLANCA

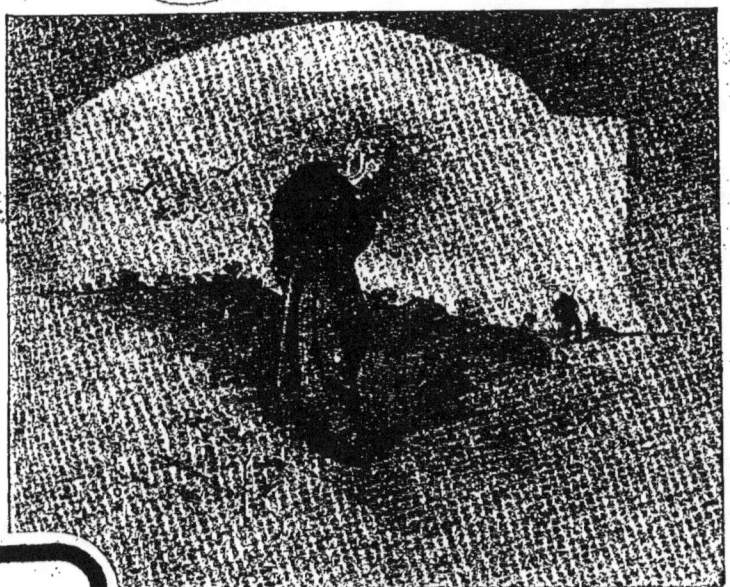

PARIS
Ernest FLAMMARION, Éditeur
26, rue Racine, 26

DOÑA BLANCA

ÉPISODES DES GUERRES D'ESPAGNE

DU MÊME AUTEUR

POÉSIES :

Les Folles Ballades. . . . . 1 vol.
Les Poèmes à tous Crins. . . . . 1 vol.

ROMANS :

L'Homme à l'Hermine . . . . 1 vol.
La Parpaillote. . . . . 1 vol.

CONTES ET NOUVELLES :

La Main aux Dames . . . . 1 vol.
Paris païen. . . . . 1 vol.

THÉATRE :

Deux Amis, un acte en vers, représenté à la
 Comédie-Française . . . . 1 vol.

TRADUCTION :

Poésies d'Apollon Maïkoff, traduites du russe
 par Tancrède Martel et Th. Larghine . . 1 vol.

CRITIQUE :

Comédies du XVIIe Siècle, publiées par Tancrède
 Martel. . . . . 1 vol.
Œuvres littéraires de Napoléon Bonaparte, pu-
 bliées par Tancrède Martel. . . . . 4 vol.

COLLECTION DES AUTEURS CÉLÈBRES :

La Main aux Dames. — La Parpaillote. — L'Homme
 à l'Hermine.

ÉMILE COLIN — IMPRIMERIE DE LAGNY

TANCRÈDE MARTEL

DONA BLANCA

ÉPISODES DES GUERRES D'ESPAGNE

> Los cuerpos son unos vasos
> De cristal, y esta diciendo
> La pureza de las almas,
> La hermosura de los cuerpos.
>   ALARCON.

PARIS
ERNEST FLAMMARION, ÉDITEUR
26, RUE RACINE, 26

Tous droits réservés.

DONA BLANCA

PREMIER ÉPISODE

LA GUERRE ET L'AMOUR

I

Le marquis don Gabriel de Villamarino y Santarem, d'une des premières maisons de la Castille-Vieille, avait fidèlement servi le roi Charles IV jusqu'au jour où ce monarque bizarre, vrai type de roi fainéant, eut la fâcheuse idée de confier à Manuel Godoï les destinées de la double couronne d'Espagne et des Indes. D'abord gentilhomme de la chambre, puis confiné dans différents emplois de cour, M. de Villamarino avait accepté en dernier lieu le gouvernement de la province de Palencia. Son frère cadet, l'amiral don Aurelio, comte de Villamarino, remplissait à Cuba les fonctions de capitaine-général.

Don Gabriel se retira des affaires vers 1792, après avoir considérablement entamé sa fortune, car il appartenait à la catégorie des nobles fastueux. Dépourvu de toute vanité, quoique de grande race, le marquis aimait le luxe et la représentation. Il eût été capable d'ajouter en une nuit, à l'occasion, une aile à son château, afin de recevoir dignement le monarque, ou de tracer à la hâte quelques allées de plus dans son parc au cas où l'infante aurait voulu s'y promener. Mais quand il résigna ses fonctions, il jouissait depuis longtemps d'une puissante popularité dans tout le pays de Palencia.

Vainement le trop fameux premier ministre et favori tenta, à plusieurs reprises, d'appeler ce grand nom castillan à diverses charges importantes, notamment celles de la trésorerie et de l'ultramar. Don Gabriel déclara nettement que son renoncement aux grandeurs était définitif, et Godoï eut enfin le bon esprit de le comprendre.

Quelques années se passèrent sans incident

marquant dans la vie de l'ancien gouverneur. Le marquis vivait dans le petit et coquet château qu'il possédait aux portes de Briviesca, tout occupé de l'éducation de son unique enfant, dona Blanca, dont la frappante ressemblance avec sa défunte mère le faisait bien souvent rêver. Quoique ayant longtemps séjourné dans l'une des cours les plus corrompues de l'Europe, M. de Villamarino avait été un époux modèle. Jamais on ne lui connut d'intrigues ni d'amourettes. Il laissait à d'autres la poursuite des demoiselles d'honneur de la reine Louise, comme aussi les banales escapades en compagnie des cantatrices et des ballerines de l'Opéra royal de Madrid. La marquise était morte au moment le plus brillant du gouvernement de Palencia. Son époux la pleura sincèrement ; mais comme il y a peu d'exemple qu'une grande douleur ne trouve enfin de quoi la mater, l'enfant consola don Gabriel de la perte de la mère.

Au commencement de 1807, cette année qui entraîna l'intervention de la France dans la Péninsule, Mlle de Villamarino, alors âgée de dix-sept ans, fut fiancée à un jeune noble portugais, don Juan de Nollez, alférez porte-enseigne au régiment d'Oporto-infanterie. Le mariage dut être ajourné par suite des événements militaires.

Le jeune homme, fort attaché à son métier de soldat, comptait déposer aux pieds de dona Blanca quelques poignées de lauriers. Il n'en eut pas le temps, et succomba le jour du passage de l'Herjas, fusillé, dit-on, par suite de la méprise d'un officier français auquel il venait de se rendre, toute résistance étant impossible. Le coup fut terrible pour la jolie fiancée. Blanca ne cessa, dès lors, de porter des vêtements de deuil, et signifia résolument à son père qu'elle ne se marierait jamais. Mais il connaissait trop la vie et les femmes pour ne pas compter que le temps aurait raison des répugnances de sa fille. Pour tout dire, M. de Villamarino désirait vivement être grand-père avant de mourir, et sa dernière ambition consistait même à transmettre son titre et les débris de sa fortune à l'aîné de ses petits-enfants : — « Car il ferait beau voir, murmurait parfois le vieux noble, qu'un nom tel que le mien s'éteignît, comme une lampe qui n'a plus d'huile ! » Toutefois, il eut grand soin de cacher à Blanca ses rêves de paternité et de perpétuité nobiliaire. Le violent chagrin de sa fille l'avait trop prise aux entrailles pour qu'il n'y vît point la preuve d'une profonde et sincère passion. — « Cependant, dit-il un jour à Blanca, il y a peut-être quelque téméraire exagération à répandre tant de larmes. Je crains que votre beauté n'y perde à la longue, et que vous ne finissiez par me gâter certaine ressemblance avec cette petite miniature que Goya fit de votre mère à sa vingtième année. »

Mlle de Villamarino avait trop de grandeur d'âme et d'affection filiale pour ne pas reconnaître la justesse de ces doux reproches. Après son fiancé, son père demeurait son unique bien, son seul amour. Aussi renonça-t-elle, peu à peu, aux manifestations bruyantes d'une douleur dans laquelle la noble enfant comprenait bien qu'il entrait un peu d'égoïsme. Don Gabriel se montra sensiblement touché du soin qu'on mettait à tenir compte de ses paternels avis. Comme il était par-dessus tout un homme charitable et juste, il ne négligeait jamais, quand l'occasion s'en présentait, — ce qui n'avait rien de rare, — de faire l'éloge de l'infortuné comte de Nollez. Cela revenait à prendre une part du malheur dont souffrait encore sa fille.

Cependant Blanca demeura ferme sur le chapitre des vêtements sombres comme aussi sur sa volonté de ne donner sa main à personne. Le marquis laissait dire; mais il sut habilement faire avouer par Mariquita, la première femme de chambre de mademoiselle, que les dentelles et le velours noirs allaient admirablement à sa maîtresse.

Un beau jour, Blanca, douée d'un réel talent de musicienne, consentit enfin à renouer connaissance avec son clavecin. Le marquis en fut intérieurement charmé. Bientôt, lui-même alla moins souvent courre le lièvre en compagnie de ses beaux chiens de montagne et de Cascaron, son garde-mayor. Semblable en cela aux meilleurs nobles de l'école libérale de son grand ami politique le marquis d'Aranda, l'ancien ministre de Charles IV, M. de Villamarino avait aussi le goût des arts, des beaux tableaux, de la bonne musique de chambre. Sa galerie et diverses occupations le retenaient presque toute l'année à Briviesca. On le voyait si rarement à Madrid, où il possédait pourtant l'un des plus grandioses hôtels du quartier de Fuencarral, que le roi lui-même eût hésité à le reconnaître. Il passait donc presque toutes ses soirées à tenir le violon, qu'il caressait en maître, pendant que dona Blanca, assise devant son clavecin, cherchait à évoquer l'âme des grands Allemands, Bach et Mozart, voire même du Français Rameau.

A les voir ainsi, le père et la fille, tous deux s'enivrant des charmes de l'harmonie, on aurait eu l'impression d'un intérieur allemand du milieu du dix-huitième siècle, plutôt que de se croire en Espagne et en pleine révolution. Le marquis de Villamarino était un beau et coquet vieillard de soixante ans sonnés, aux yeux doux et profonds, aux mouvements nerveux et gracieux comme ceux d'une jeune femme. Son costume ressemblait encore à celui qu'il portait jadis aux soirées du palais de la Gubernacion, à Palencia. Il consistait ordinairement en un vaste habit en velours cerise, sur les bords duquel couraient de minces broderies d'argent, une ample veste de satin jaune à fleurettes d'or, fermée par des boutons très plats, une culotte noire et l'épée au côté, dans les grandes occasions. Le vieux noble mettait toujours des bas de soie, fort correctement et savamment tirés sur un mollet encore assez rebondi pour qu'on devinât sans peine que, dans sa jeunesse, notre homme comptait parmi les plus belles jambes de la cour de Madrid. Ses souliers avaient des boucles d'or. Malgré les révolutions de la mode, le désarroi jeté dans le costume espagnol par Manuel Godoï, le prince des fats et l'*arbiter* de toutes les élégances, M. de Villamarino conservait religieusement l'usage du tricorne à galons d'argent, des grandes dentelles, de la poudre et des cheveux roulés en petite queue. Il était donc vêtu à *la francesa* d'il y avait cinquante ans, ou plutôt à la vénérable mode du temps de Ferdinand VI et de Charles III. Mais, quoique de haute allure et de grande mine, sa personne rappelait mieux les conseillers auliques des petites cours germaniques d'antan, Weimar ou Brunswick, qu'elle n'annonçait un des plus brillants représentants de la vieille grandesse castillane. Et par-dessus tout cela, une sincère, une touchante, une étonnante simplicité de mœurs !

Quant à dona Blanca de Villamarino, elle aurait justifié largement l'antique image des faiseurs de bouquets à Chloris : un visage de lys et de roses — s'il n'y eût eu quelque cruauté à exhumer cette antiquaille poétique pour l'appliquer à une aussi charmante personne, la plus jolie héritière des deux Castilles et de Léon. De grande taille, d'un abord impérieux et fier, faiblement atténué par la douceur de ses yeux noirs, la mélancolie de son visage, la jeune Espagnole réalisait dans toute sa splendeur sereine le type de la beauté blonde, mais de cette beauté puissante de formes et de sang généreux qu'on ne rencontre guère que dans la Péninsule, la fleur tragique et la *muy mujer* du théâtre castillan. Ses manières, ses mouvements, le son de sa voix, l'emploi qu'elle faisait de son regard, le caractère de noblesse qu'elle donnait à ses moindres paroles, tout cela témoignait d'une âme puissante et calme, planant au-dessus des laideurs et des vulgarités de la vie, et donnait bien la sensation qu'en face d'elle, on se trouvait en présence d'une créature de race et d'essence rares. Depuis la mort de son fiancé, doña Blanca ne mettait plus que des robes de velours noir, sans nuls ornements. Lorsque, trop rarement au gré de son père, elle consentait à lui donner le bras pour l'accompagner chez le vieil alcade ou le curé de Briviesca, Don Pascal, une mantille de dentelle noire jetée sur ses beaux cheveux blonds composait sa seule coiffure. Dans le salon tendu de jaune du château, ce noir majestueux et éternel faisait merveille. Mais, par-dessus tout, brillaient d'un reflet d'or roux, courant de la nuque au talon, les deux longues nattes navarraises qui seyaient si bien au grand air, à l'impassible physionomie de dona Blanca.

Le négligé apparent de ses toilettes semblait encore ajouter à la perfection de cette beauté troublante.

Même au temps de sa plus grande douleur, il y eut toujours en Mlle de Villamarino quelque chose de la Junon antique. Le père, ce violoniste de château, ce gentilhomme à lévriers qui gardait encore deux doigts d'esprit courtisan, ne se méprit jamais sur le caractère déconcertant de la beauté de sa fille. — « Dona Blanca, se risquait-il quelquefois à lui dire en souriant, si vous daignez être agréable à un faible mortel, descendez de l'Olympe et passez-moi, je vous prie, ce cahier de musique que j'ai sottement laissé tomber sur le tapis. »

Leur habitation de Briviesca tenait plutôt de la gentilhommière et de la villa que du château proprement dit. N'était la tourelle ronde et coiffée de tuiles flanquant le côté droit de la maison, il eût-été difficile d'attribuer un caractère féodal à cette riante et facile construction qui datait pourtant de 1480, la grande époque d'Isabelle la Catholique. Les murs, savamment récrépits, conservaient une blancheur de marbre. Des guirlandes de fruits et de fleurs, d'un travail récent, serpentaient avec grâce sur la façade des deux étages du château, entourant des fenêtres fort élevées et pour la plupart munies de balcons. Ces guirlandes, avec un antique écusson aux armes compliquées des Villamarino, où le lion du royaume de Léon voisinait avec la tour crénelée des Castilles et faisait saillie au-dessus de la porte d'entrée, constituaient toute la sculpture du lieu. Un jardin, dessiné à la française, dans la manière de Le Nôtre et La Quintinie, précédait l'habitation, sur les derrières de laquelle commençait un assez beau parc confinant à un petit bois. Le marquis y chassait un maigre gibier de poil et des perdrix grises. Selon l'insouciante coutume espagnole, il va sans dire que rien de tout cela n'était clos de murs. A peine une haie de loin en loin, ou bien des massifs de lentisques. Ce qui permettait aux maraudeurs et aux *rateros* du pays de voler sans scrupule les belles poires du marquis, les œillets de dona Blanca, pour peu que le garde-mayor eût le dos tourné. Les quatre valets de pied et le cocher composant la maison du marquis avaient ordre de ne pas quitter les appartements intérieurs, et on eût pu, toute la journée, les voir flâner dans les vastes antichambres, en grande livrée et bas de soie. — « Mon gendre saura bien faire marcher tous ces flandrins », disait le maître. Et il continuait religieusement à nourrir et à payer ces valets d'apparat, qui, cassés aux gages, eussent peut-être inutilement grossi les bandes armées ravageant les provinces, tout en faisant la chasse aux Français.

Un soir d'octobre 1808, don Gabriel et sa fille, après avoir exécuté deux ou trois morceaux des *Nozze* de Mozart, se surprirent à garder le silence plus longtemps qu'il ne convenait et à lever, l'un sur l'autre, un regard chargé de tristesse. Il faut dire que les temps étaient douloureux. L'armée française occupait la Péninsule et venait d'imposer aux Espagnols un roi dont le peuple ne voulait pas à coup sûr, quoiqu'une grande partie de la noblesse l'eût accepté à l'assemblée solennelle de

Bayonne. Les troupes de Bessières, de Lasalle ou de Soult traversaient en tous sens la province, victorieuses sans résultats marquants, ou battues par les corps insurgés de Castanos et de La Romana. Les défilés de Pancorbo, à quelques lieues de Briviesca, méritaient mieux que jamais le triste surnom de « tombeau des Français. » Il n'était pas de jour, pas de nuit, sans qu'un convoi ne fût surpris et son escorte massacrée, en ce lieu d'une sauvagerie si terrible et si grandiose. Au milieu des horreurs d'une guerre atroce, le marquis de Villamarino demeurait avec sang-froid l'homme de la charité et du devoir, rôle que son immense popularité lui eût d'ailleurs indiqué, s'il n'avait convenu d'avance à ce véritable grand seigneur.

« Eh bien ! ma fille, à quoi pensez-vous ? finit par dire le marquis en déposant son archet sur le guéridon.

— Je songe, mon père, répondit doucement dona Blanca, qu'il y a aujourd'hui juste un an que les Français ont fusillé mon pauvre Juan. »

Le visage du vieux noble prit aussitôt une expression chagrine. Il lui déplaisait fort que sa chère fille retombât dans une douleur d'où elle sortait à peine. Et puis il n'aimait guère qu'on attaquât les Français devant lui, ayant ses raisons personnelles pour cela. Un moment, écœuré par les faiblesses du roi Charles IV, aussi bien que les excès de la reine Louise et le caractère hautain du roi sorti du mouvement populaire, Ferdinand VII, le marquis avait été sur le point de se rendre à Bayonne pour y faire acte d'adhésion au roi Joseph-Napoléon, — circonstance qu'ignorait dona Blanca.

Comme son père ne disait rien, Mlle de Villamarino reprit à la fin la parole :

« Pauvre Juan ! Mon cher fiancé ! Il était si gentil et si aimable dans son costume de porte-enseigne; n'est-ce pas, mon père? Vous souvenez-vous ?

— Soyez forte, soyez sage ! Blanca, je vous en prie ! » murmura le vieillard en serrant les mains de son enfant.

Puis, il se leva, marcha droit à l'une des fenêtres, l'ouvrit toute grande; et dans l'espoir de provoquer une diversion aux pensées de sa fille :

« Vraiment, ma chère, il fait ce soir un magnifique temps. Voyez cette lune, on dirait un croissant de l'argent le plus fin, le plus pur... Je comprends que de tout temps les poètes aient eu un secret penchant pour cet astre. Dites-moi, Blanca, vous souvenez-vous des vers de Lope sur la lune... Voyons, comment donc était-ce...? »

Mais, par un geste qui lui était familier en pareil cas, au lieu de porter la main à son front comme pour en faire jaillir la poésie rebelle à sa mémoire, don Gabriel tirait doucement le ruban de taffetas noir qui serrait sa maigre queue de cheveux blancs. Tout à coup, au fond de la plaine, du côté de Pancorbo, trois éclairs se succédèrent presque sans intervalle, bientôt suivis de trois détonations déchirant les airs. Le vieillard pâlit.

« Jésus-Maria ! s'écria la jeune fille.
— Qu'est cela, grand Dieu ! dit le marquis.
— Oh ! la guerre, la maudite guerre ! » ajouta Blanca en tordant de désespoir ses belles mains.

II

Le ciel était d'une douceur et d'une sérénité merveilleuses. Après ces trois coups de feu, faciles à expliquer en cette époque de surprises, de trahisons et d'embuscades, un silence solennel, lugubre, effrayant, régna de nouveau sur les plaines voisines, toutes parfumées des odorantes senteurs du jasmin et de l'oranger. Le marquis ne savait quelle résolution prendre, et il allait interroger sa fille, lorsque le galop précipité d'un cheval se fit entendre du côté du parc. Cette fois, à n'en pas douter, il s'agissait d'une poursuite, d'une véritable chasse à l'homme. Quoique les paisibles habitants du château fussent depuis de long mois habitués aux chaudes alertes de la guerre, il leur parut qu'un drame, plus mystérieux et plus terrible qu'à l'ordinaire, se passait à quelques pas d'eux. Au moment même où don Gabriel venait de sonner son valet de chambre, deux nouveaux coups de feu ébranlèrent l'espace. Mais ces détonations n'annonçaient plus qu'une arme de petit calibre, probablement un pistolet.

« C'est un guet-apens, quelque abominable embuscade ! Venez, ma fille, suivez-moi. Peut-être mon intervention pourra-t-elle sauver le malheureux qu'on poursuit ainsi.

— Mon père, songez à vous... Songez à moi ! Ne vous exposez pas à quelque méchante affaire.

— Venez, dona Blanca, je vous l'ordonne. Suivez-moi. »

Mlle de Villamarino comprit à ces mots que toute résistance serait déplacée. Le marquis savait agir à l'occasion avec l'impétuosité d'un jeune homme. Et puis, son admirable instinct avertissait Blanca qu'elle jouerait un rôle bienfaisant à la suite de son père. Sans ajouter un mot, le vieillard se coiffa de son tricorne, et amorçant rapidement une paire de pistolets, les glissa dans ses poches. A l'instant même, José entra dans le petit salon.

« Réveille Cascaron, vite! qu'il nous suive, et qu'on allume des lanternes. »

Bientôt toute la maison fut sur pied. Cascaron, le garde-mayor, une sorte d'hercule basané d'au moins six pieds de haut, apparut, l'espingole au poing. Derrière lui, Blas et Pedro, arrachés en sursaut à leur sommeil, portaient des lanternes. José visitait la batterie d'un gros fusil de munition. Alors, on entendit des cris perçants, comme ceux d'un homme qu'on égorge, et de nouveau la terrible galopade retentit. C'était bien de l'extrémité du parc que s'échappaient les cris. Une voix sauvage, frénétique, une voix de stentor, cuivrée et hurlante, une voix de démon s'éleva bientôt, glaçant de terreur le marquis et ses compagnons:

« *Viva el rey! Muerte al Francès!* »

En une seconde, la porte du château s'ouvrit. Sous les clairs rayons de la lune, à l'entrée du petit bois de pins et de sycomores, la double silhouette d'un homme passa au quadruple galop, puis alla se perdre à l'horizon, dans la montagne. Blanca se cramponnait au bras de son père.

« Courage, enfants! cria le marquis. Nous arrivons à temps. »

Maîtres et valets se précipitèrent dans une large allée, et atteignirent en quelques minutes le sentier transversal. Le sable, à cet endroit, portait la marque d'un véritable piétinement.

Les sabots d'un cheval lancé à toute vitesse avaient évidemment causé la plus grande partie de ce désordre; mais on remarquait tout à côté de nombreuses traces d'espadrilles, preuve que plusieurs piétons accompagnaient le cavalier. Guidé par son coup d'œil si sûr, sa décisive expérience de vieux chasseur, Cascaron soutint que ces hommes devaient être encore dans le bois. Ce fut aussi l'avis du marquis.

Le garde-mayor renouvela le silex de son arme, et prit la tête de la petite troupe. Don Gabriel sortit un de ses pistolets. Comme on venait d'entrer au plus épais du bois, un strident coup de sifflet retentit. Le bruit sec de plusieurs corps se frayant à la hâte un passage dans les fourrés de cystes et les broussailles, vint bientôt démontrer que Cascaron ne se trompait pas. A tout hasard, il déchargea son espingole dans l'épaisseur d'un massif d'où semblait s'échapper quelqu'un. Aucun cri ne se fit entendre. Rien ne vint plus troubler le majestueux silence de la vallée de Briviesca.

Cependant, Cascaron, après avoir rechargé son arme, montra d'un geste la route à suivre. Pedro s'avançait auprès de lui, et quoique cette nuit d'automne fût très claire, sa lanterne aidait à sonder les bouquets d'arbustes sauvages qui croissaient là de toutes parts. Blanca tenait la main gauche du marquis. José, derrière elle, scrutait le sol avec autant de soin que l'autre valet. Rien de suspect ne se montrait encore. Les cinq hommes s'arrêtèrent au pied d'un sycomore et tinrent conseil.

« Il est certain, dit le marquis, que notre arrivée vient de déranger les assassins et de suspendre l'accomplissement de leur crime. Tout espoir n'est donc pas perdu. Notre tâche consiste à retrouver la victime, car l'homme à cheval me paraît être le principal criminel, ou plutôt le chef de la bande. N'est-ce pas ton avis, Cascaron ?

— Tout à fait mon avis, monsieur le marquis.

— Quant à la victime elle-même, poursuivit don Gabriel, il me semble que nous ne tarderons pas à la découvrir. Allons, encore un peu de courage, enfants ! »

Doña Blanca serrait chaleureusement les mains du vieillard.

« Oh! vous êtes bon, mon père... je n'ai plus peur maintenant. J'irais partout!

— Merci, doña Blanca, » répondit doucement le gentilhomme.

Bientôt, dans le sentier, des traces de pas reparurent en grand nombre. Quelques-unes montraient à leur centre des taches noirâtres qui finirent par éveiller l'attention de Cascaron. Tout à coup, il prit vivement la lanterne de Blas, se courba vers le sol, puis après avoir beuglé malgré lui un juron castillan :

« J'en étais sûr! » dit-il.

Le marquis, s'approchant, reconnut avec horreur que ces taches noires étaient en réalité de larges gouttes de sang. Cette trace sanglante se continuait pendant au moins une douzaine de pas. A en juger par une telle perte de sang, le blessé ne tarderait pas à succomber. Peut-être même allait-on se trouver en présence d'un cadavre. M. de Villamarino, en vrai catholique espagnol, leva la tête vers le ciel où mille étoiles scintillaient.

« Mon Dieu, je vous en supplie, dit-il avec une attitude qui émut tout le monde, faites que nul être humain ne perde la vie sur une terre qui m'appartient! »

Dona Blanca fit un signe de croix, tout de suite répété par les cinq hommes. Mais le marquis avait repris courage. On eût dit qu'une nouvelle force le poussait en avant.

« Vois ! s'écria-t-il presque joyeusement une seconde après, en frappant sur l'épaule de Cascaron, regarde ! Les gouttes de sang s'arrêtent ici... Il est peu probable que tout ce sang appartient à la victime de ces lâches... Ce sang doit être celui des assassins, que tu auras atteints sans leur arracher un seul cri... De rudes gaillards, tout de même, ces bandits ! Des *muets* volontaires. Au fait, qu'avais-tu glissé dans ton espingole ?

— Des chevrotines, mon maître, répondit le garde.

— C'est cela même. Le plomb s'est dispersé. Ils ont leur compte !

— J'aime à le croire, » murmura froidement Cascaron.

Un peu plus loin on n'apercevait plus de taches de sang. On fit encore une dizaine de pas. Le marquis marchait maintenant en tête, portant lui-même l'une des lanternes. Il parvint ainsi jusqu'au tronc d'un gigantesque pin d'Alep. Mais comme il se disposait à faire le tour de l'arbre, il se trouva en présence d'un corps qui lui barrait le chemin.

« Vite ! » cria-t-il.

Tout le monde accourut. Déjà, don Gabriel s'était penché vers l'inconnu dont il déboutonnait rapidement l'uniforme, car c'était un officier français.

« Il vit encore ! s'écria le marquis. Nous le sauverons. Allons ! que tout le monde s'y mette... Il faut le porter au château. »

José, le valet de chambre, venait de retrouver, à quelques pas de là, la coiffure du blessé, un énorme kolbach en peau d'ours orné d'une flamme de drap rouge à franges d'or.

« C'est un officier de cavalerie française, et même d'un certain rang, dit le marquis tout en examinant le visage et la poitrine de l'homme... Blanca, ma chère enfant, donnez-moi votre mouchoir... Merci... Maintenant approchez-vous et soulevez doucement, bien doucement, la tête de ce pauvre jeune homme... Quant à toi, Cascaron, laisse-nous ton couteau de chasse, prends l'andalou à l'écurie, réveille Mariquita et ce faquin d'Antonio, et ramène-moi le chirurgien de Briviesca, à quelque prix que ce soit ! Fût-ce mille escudos d'or ! Matarens est un digne homme. Il t'obéira. Tu le prendras en croupe. »

Cependant les trois valets, s'aidant du couteau de chasse et de leurs poignards, avaient rapidement coupé quelques branches d'un sycomore. Ces branches, fortement liées, constituèrent une façon de civière assez solide pour qu'on pût y déposer le blessé. Le marquis ordonna à ses gens de se dépouiller de leurs livrées qui, étendues sur les branches, en adoucirent complètement les rugosités. Dona Blanca venait d'achever un premier pansement à la blessure de la tête, blessure qui ne semblait pas bien grave, à la vérité. Pendant qu'elle se hâtait, la jeune fille entendait la faible respiration de l'inconnu.

Mais ce ne fut pas sans émotion et, il faut bien le dire, sans quelque pudique rougeur, heureusement invisible, que la noble et sensible Espagnole prit dans ses mains la tête de l'homme. Un maigre filet de sang mouillait la soyeuse chevelure noire de l'officier. Dona Blanca fit de son mieux disparaître ces sanglantes taches.

« Père, dit-elle au marquis qui découvrait alors une seconde et plus grave blessure à l'épaule gauche du militaire, — il me faudrait de l'eau... quelques gouttes d'eau seulement.

— Je sais une source par ici », fit José.

Le marquis, à son tour, donna son mouchoir. José alla le plonger dans un ruisselet qui coulait non loin de là, puis le remit à sa jeune maîtresse. Dona Blanca lava doucement le sang qui rougissait les cheveux et le front, et passa ensuite le mouchoir au marquis pour qu'il accomplît la même opération à la seconde plaie. Alors don Gabriel s'aperçut que l'avant-bras gauche pendait, inerte. L'officier avait reçu là un troisième coup de feu. La manche fut ouverte au moyen du couteau, la chemise déchirée. Un bras, d'une forme athlétique, mais blanc et rose comme un bras de femme, apparut, maculé d'une large tache de sang. La balle s'était logée dans les chairs, un peu au-dessous du coude.

« Rien de tout cela n'est mortel », déclara vivement le marquis.

Dona Blanca tint la tête de l'officier pendant qu'on le plaçait doucement sur la civière improvisée. Les aiguillettes d'or, les brandebourgs, les fines soutaches de l'uniforme de drap vert, éclatèrent alors sous la lueur blanche de la lune; et le marquis reconnut aussitôt l'élégante tenue des chasseurs à cheval de la garde impériale.

« C'est un chef d'escadron, dit-il... Et tout jeune ! Ces Français sont étonnants, sur mon honneur... Voyez, dona Blanca : c'est tout au plus s'il a vingt-six ans. »

Au reste, il était facile de voir que la cupidité n'avait pas été le mobile de ce lâche attentat. L'officier avait encore sur lui sa croix d'honneur à rosette rouge, une jolie montre en or et une bourse pleine de napoléons à en crever. Un gros étui de cuir rempli de doubles-napoléons garnissait l'une des poches de son gilet. Mais la sabretache du cavalier, lacérée à coups de *navaja*, avait été ouverte et violemment dépouillée de ses dépêches. Indice irréfutable d'une embuscade de guerrilleros. Chose singulière, le blessé possédait encore son sabre à la poignée duquel ruisselait, intacte, la dragonne d'or à gros grains.

Blas et Pédro soulevèrent la civière. On jeta par-dessus la pelisse du blessé. Le marquis se chargea du sabre, de l'énorme coiffure militaire, et l'on prit lentement le chemin du château. Dona Blanca, derrière les porteurs, marchait toute rêveuse. C'était ainsi, songeait-elle, qu'on avait dû porter le corps de son pauvre Juan, le soir du combat d'Herjas. Toutefois, sans pouvoir deviner la cause d'une telle obsession. la jeune fille sentait bien que le souvenir de son fiancé ne pouvait l'empêcher de prendre un vif intérêt à cet inconnu, cet officier ramassé presque mourant dans les bois de son père. Et malgré elle, sans y réfléchir, quasi-machinalement, elle s'approchait de temps en temps pour contempler le visage bronzé du blessé. A la fin, le sang altier des Villamarino coula plus fiévreusement dans les veines de dona Blanca, comme pour lui reprocher une émotion indigne d'elle.

« Après tout, murmura-t-elle, ce n'est jamais qu'un sabreur de Napoléon. »

III

Un quart d'heure après, le commandant de chasseurs, transporté au second étage du château de Villamarino, était couché dans un grand lit que lui avait préparé doña Blanca aidée de sa camériste. Le marquis, toujours calme, trouvant fort naturel d'avoir fait une bonne action de plus, veillait au chevet, les yeux parfois fixés sur la pendule.

« Et ce Matarens qui n'arrive pas! murmura don Gabriel. Aurait-il quelque scrupule parce qu'il s'agit d'un ennemi?

— Cela me surprendrait fort, père, observa doña Blanca, maître Matarens est un homme d'honneur et nous est tout dévoué. »

Mais la porte de la chambre s'ouvrit brusquement pour livrer passage à un petit homme en perruque rousse, posée de travers sur le crâne, car il l'avait mise à la hâte, l'air chétif et malingre, et qui n'était autre que Matarens.

« Enfin ! » cria le marquis.

Un paysan, bistré et barbu, à mine de contrebandier ou de bandit, l'anneau de cuivre à l'oreille, le bonnet catalan sur la tête, accompagnait Matarens et tenait à la main la trousse du praticien. Ce dernier s'inclina devant le marquis, puis, sans dire un mot, courut au blessé. Après un examen de quelques minutes, le chirurgien, d'une voix grêle et chantante, déclara ceci :

« Éraflure de balle au front... ce n'est rien, et pour un gaillard de cette trempe, une simple égratignure tout au plus... »

Matarens dérangea le pansement improvisé par doña Blanca, se fit apporter de l'eau, lava la plaie sur laquelle il posa un nouvel appareil.

« Approche, Abascual, dit-il au paysan. Prépare ma trousse. »

Le petit homme mit ses lunettes et retroussa ses manches. Doña Blanca et Mariquita descendirent alors au salon afin d'y préparer de la charpie.

Cependant le chirurgien eut bientôt procédé à l'inspection des deux autres plaies. Selon lui, la blessure de l'épaule gauche n'entraînerait aucune désarticulation, pas plus qu'elle ne mettrait l'homme en danger de mort. — « Sauf, bien entendu, ajouta-t-il, les complications que pourrait amener l'imprudence du malade. »

— Maintenant, sans doute pour rattraper le temps perdu, il se montrait loquace, discoureur, très bavard, entrait dans des détails chirurgicaux, citait ses auteurs, Galien, Ambroise Paré, l'arabe Gazali, racontait des cas tout pareils à celui qu'on avait sous les yeux, nommait par leurs noms les gens qu'il prétendait avoir tirés d'affaire.

Toujours aidé de l'apprenti sangrador Abascual, il procéda au second pansement avec un calme remarquable, en homme fier de lui. En effet, malgré ses allures de fantoche, Matarens était un praticien de réel talent, l'un des meilleurs du pays et le lauréat de toutes les Universités de la Péninsule. A un moment, en tâtant l'avant-bras, il poussa une exclamation.

« Ah ! ah ! une balle à extraire... Je vois que vous devenez soucieux, monsieur le marquis, soyez sans crainte... La blessure est *en bonne place*, comme nous disons dans le métier. Rien à craindre de ce côté-là... Abascual, passe-moi la pince et le bistouri. »

L'apprenti sangrador tendit à son maître les instruments réclamés. Comme il se retirait, il aperçut, jeté sur une chaise, l'uniforme doré de l'officier.

« Tiens! fit-il avec un étonnement qui pouvait être bien joué. C'est un Français. Mort de ma vie! ces enragés-là se glissent partout! »

Matarens jeta un rapide coup d'œil sur le dolman vert, puis interpellant sévèrement son aide :

« Tais-toi, vermine! ce n'est pas ton tour de parler... Tu oublies, drôle, que tu as l'honneur d'être en présence de monsieur le marquis de Villamarino? »

Le paysan devint livide. D'un air penaud, confus, sincèrement contrit, il ôta son bonnet catalan, et l'on aperçut son crâne énorme, rond comme une boule, recouvert de cheveux drus coupés ras et semblables à de la mousse noire. L'homme fit quelques pas vers le marquis, tomba à genoux. Alors, d'un ton de voix dénotant une humilité parfaite :

« Pardon ! Pardonnez-moi... Votre main à baiser, monseigneur. »

Don Gabriel abandonna gravement sa main, fine et blanche comme une main d'évêque.

« Je te pardonne, frère, mais n'oublie jamais qu'un hôte est chose sacrée, surtout sous mon toit. »

Minuit tinta lugubrement au clocher de Briviesca. Au bout de quelques minutes, don Gabriel descendit rejoindre sa fille.

« Chère Blanca, dit-il, tout va bien. Maître Matarens a fort habilement extrait la balle de l'avant-bras. Le Français vivra. Matarens m'en répond sur sa tête. Il conviendrait maintenant, je pense, que vous prissiez un peu de repos.

— Mais qui veillera notre blessé, mon père ? demanda-t-elle en levant vers le vieillard son beau regard plein d'étonnement.

— Moi, répondit le marquis.

— Vraiment, mon père... Votre santé m'est précieuse, et je ne sais si je dois souffrir... »

M. de Villamarino s'approcha de sa fille en souriant, mais de son sourire des jours de remontrances paternelles. Puis, avec sa galanterie, sobre et fière, de grand d'Espagne et d'homme des cours, il baisa Blanca sur le front.

« Doña Blanca, fit-il très doucement, je vous souhaite une bonne nuit.

— Bonne nuit, mon père, » répondit la jeune fille avec une légère confusion.

Le marquis prit aux mains des deux femmes toute la charpie préparée par elles, et regagna, lentement, de son pas discret et léger, l'aile droite du château.

En haut, les choses marchaient à souhait. Matarens, secondé par Cascaron et Abascual, qui se hâtaient auprès de lui, venait d'achever son troisième pansement.

« Eh bien ! que vous disais-je, monsieur le marquis ? C'est vraiment une balle de guérillero... Et quelle balle ! Voyez vous-même. — *Amor de Dios !* reprit le petit homme en frétillant comme une anguille au risque de déplacer sa perruque, — je ne m'y connais que trop, hélas ! Les balles françaises sont plus mignonnes, d'un module plus élégant que les patauds lingots de plomb qu'emploient nos mosqueteros et nos partisans... Elles tuent aussi sûrement leur homme, mais sont plus faciles à extirper des plaies. C'est le cas où jamais de répéter avec le Sancho de notre immortel Cervantes : « Un petit mal pour un grand bien... »

— Maître Matarens, fit le marquis avec malice, c'est aussi le sous-titre d'un des plus jolis contes de Voltaire, un des Cervantes de nos voisins les Français : *Cosi Sancta*...

— Je suis quinaud, monsieur le marquis, on apprend toujours à votre école. »

Tout en façonnant des tampons de charpie dans ses mains maigriottes, le chirurgien poursuivit d'un air glorieux :

« Quand Pédro de Galapagar tua le joli toréro Pablo Zocodover, de Miranda, l'année dernière, la justice me fit appeler pour l'extraction du projectile... J'ai gardé la balle, monsieur le marquis. Un véritable objet d'art ! Une praline boursouflée ! Il devrait être interdit de tirer sur un chrétien avec des objets semblables... Impossible d'en réchapper, tout comme des navajas d'Albaceyte : *Cuando esta vivora picá, no hay remedio en la botica*...

— Quel est l'état général de notre blessé ? interrogea le marquis.

— Excellent. C'est-à-dire qu'il n'a plus besoin de moi pour cette nuit. Mais la convalescence sera longue : deux bons mois au moins, peut-être trois... Je ne redoute guère qu'une imprudence, car ces Français ont le diable au corps, et celui-ci trouvera de bonnes raisons pour vous démontrer qu'un bancal ne se tient que de la main droite. »

Le chirurgien de campagne, en refermant lentement sa trousse, s'assura que rien n'y manquait. Après quoi, se tournant vers don Gabriel :

« *Y es ora*, monsieur le marquis. Je vais vous rédiger quelques instructions pour les soins à donner au blessé en attendant ma visite de demain. Nous aurons une assez forte fièvre.

— Maître Matarens, glissa rapidement M. de Villamarino dans l'oreille du chirurgien, ayez l'œil sur Abascual, le drôle n'est pas sûr. Le curé le croit affilié à la compagnie de Saint-Ignace.

— J'y veillerai », répondit à voix basse le praticien de Briviesca.

Pendant que Matarens griffonnait, dans un coin de la chambre, ce qu'il avait onctueusement nommé « ses instructions », quelques gémissements échappèrent à l'officier français. Le marquis et le chirurgien accoururent.

« La fièvre... la fièvre... », dit Matarens.

Et le petit homme se penchant vers le blessé le regardait d'un œil scrutateur. On aurait pu supposer qu'il lui demandait la confirmation de la sentence par lui émise. Les gémissements s'arrêtèrent; mais, au bout de quelques secondes, le Français ouvrit les yeux pour la première fois. Un regard ardent, d'une mâle expression de bravoure et d'un charme réel quoique tourmenté par la fièvre et par la souffrance, vint éclairer la face du jeune homme, très pâle malgré le hâle gagné dans les combats et les bivouacs. Ce regard, d'une lumière intense, mais dépourvu de volonté *pensante*, parut se fixer un instant sur le marquis. En même temps, l'homme essayait de se mettre sur son séant, tout en murmurant faiblement ceci :

« Où suis-je? Qu'a-t-on fait de mes dépêches pour le maréchal Bessières? »

Peu à peu, sa voix gagnait en force et en énergie. Il continua :

« Eh bien! en voilà du propre. Que va dire l'empereur! Et quelle *tuile!* »

On pouvait maintenant deviner à son accent qu'il était du Midi de la France, le Midi languedocien d'entre Toulouse et Avignon. Mais cette particularité ne fut observée que du seul marquis. Don Gabriel examinait l'officier en silence. Il décida dans sa pensée que le blessé venait de Paris, chargé de quelque service de confiance. Le jeune chef d'escadron s'était tu, après avoir sévèrement et anxieusement interrogé les diverses figures qui l'entouraient. Néanmoins, cet excès d'énergie venait de donner la mesure de son vigoureux tempérament de soldat.

« Décidément, c'est un mâle ! dit Matarens à don Gabriel.

— Et un beau mâle ! » ajouta le marquis.

Cependant le Français montrait en son regard une telle expression de soupçon et d'inquiétude, que M. de Villamarino, le croyant déjà maître de toute sa raison, éprouva le besoin de le rassurer.

« Monsieur, dit-il, prenez patience et soyez calme... Vous êtes mon hôte, l'hôte du marquis de Villamarino-Santarem... Les soins ne vous manqueront pas. D'ailleurs, mon chirurgien répond de vous... »

L'excellent homme n'osait poursuivre, l'étrangeté du cas lui faisant perdre quelque peu de son sang froid. Sans compter que ce grand œil noir, devenu tout à fait vif et perçant, l'intimidait énormément.

« Oui, balbutia don Gabriel plus caressant que jamais, oui, monsieur... je puis vous assurer que la science, les chirurgiens répondent de vous... »

Brusquement, un demi-sourire passa sur la physionomie du jeune officier.

« Eh! mon cher monsieur, fit-il avec humeur, que m'importent tous vos chirurgiens... Je n'ai que faire de leur lancette! Ce qui m'importe, ce qui me presse, ce sont les dépêches du maréchal! Qu'en avez-vous fait? »

Le marquis baissa les yeux, tout décontenancé par ce sentiment du devoir militaire, si profond et si tenace dans l'âme de cet inconnu qu'il reparaissait à travers la douleur physique la plus poignante.

« De grâce, monsieur, veuillez demeurer plus calme...

— La fièvre revient, hasarda timidement Matarens.

— Vous parlez de calme! vous parlez de calme! reprit le jeune homme avec une singulière amertume. Cela vous est facile à dire. »

Il s'agitait dans ses draps. Son exaltation croissait. Tout à coup, braquant son œil sur Matarens :

« Du calme ! dans une guerre comme celle-ci, allons donc ! D'où sortez-vous, d'ailleurs, capitaine ? De l'infanterie, de la ligne peut-être... Vous empiliez des gibernes dans quelque coin... Du calme ! Sans compter que le prince Berthier a un de ces caractères... un écouvillon ! Et le ministre Clarke, M. le comte d'Hunebourg, avec ses sempiternelles remontrances : *Le service, messieurs, le bien du service...* Du calme, face au feu, mon petit ! gardez-le pour vous votre calme... Moi, je sers dans la garde et je m'en vante, monsieur le pousse-caillou. Du calme !... Et si vous le trouvez mauvais, grade à part, vous viendrez me le redire, épée, sabre ou pistolet, à votre choix... Mais à quoi bon, capitaine, en présence de l'ennemi ? Convenu, nous attendons la fin de la campagne. Du calme ! Ils sont étonnants, ces lignards. Tenez, mon camarade, brisons là : Signez-moi le reçu de mes dépêches pour le maréchal et f...ez-moi la paix ! »

Comme s'il eût déjà senti sur sa chair le tranchant des aciers militaires, le chétif Matarens avait frissonné de tous ses membres. Mais la sonore voix du blessé s'était tue... L'homme ferma les yeux brusquement, d'un air décidé, se pelotonna dans sa couverture de façon toute militaire, à la houzarde, en hôte assidu des bivouacs; puis tomba littéralement, s'assoupit en un profond sommeil. Son visage, au même moment, prit une extraordinaire expression de quiétude et de bien-être. Toute l'insouciance de la plus bouillante jeunesse, la jeunesse des camps de ce temps-là, reparut sur sa physionomie, d'où le hâle, en quelques secondes, réussit à chasser la pâleur.

« Au train dont il y va, déclara Matarens, il sera debout avant huit jours! Votre homme appartient à un régiment de la garde, n'est-ce pas, monsieur le marquis? Tous ces sabreurs de la garde sont des hommes de fer!

— Gascaron et moi nous allons le veiller. J'ai vos prescriptions, maître Matarens. Bonne nuit, et à demain de bonne heure.

— De bonne heure, monsieur le marquis.

— José, reprit don Gabriel, va vous accompagner avec mon andalou... *Vayan con Dios*, maître Matarens. »

Comme il venait de reconduire le petit homme, le marquis aperçut en rentrant, posés sur la cheminée, la montre du chef d'escadron et les quelques autres objets, or et papiers, trouvés

sur lui. La montre était une magnifique montre du fameux Bréguet, d'un travail aussi élégant que curieux. M. de Villamarino fit jouer le ressort du boitier, désireux d'examiner le mécanisme, et se trouva, avec un certain saisissement, en présence de l'inscription suivante :
« *L'empereur Napoléon au capitaine Félix Calandre. — 14 octobre 1806.* »

IV

Le lendemain soir, à l'heure habituelle du dîner, le marquis de Villamarino se mit à table de fort bonne humeur. Tout en se servant amplement d'une carpe de ses étangs, à la cuisson de laquelle Grimod n'aurait rien su reprendre, il entretint avec dona Blanca une conversation des plus animées. L'œil du vieux noble brillait d'on ne savait quelle joie intime. Cet homme que les événements émouvaient si peu ressemblait ce jour-là à un triomphateur. Sa fille, malgré les allures moroses par elle adoptées depuis que la destinée avait si tragiquement rompu son mariage, lui fit espièglement remarquer le désordre de sa coiffure.

« Mais, répondit gaiement don Gabriel, je crois, Dieu me pardonne! que ma joie vous gagne... C'est ma foi vrai : ma queue est toute dépoudrée. J'aurai à semoncer José... J'ai mal dormi, la nuit passée, Blanca; la faute en est au bouleversement de notre maison depuis cet assassinat dans le parc... A ce propos, je dois vous dire, si cela vous intéresse, comme je le pense véritablement, que l'officier français va beaucoup mieux. La fièvre ne fait plus que de rares apparitions, et Matarens a surpris ce matin, à ce qu'il m'assure, les prodromes d'une cicatrisation rapide.

— Pauvre jeune homme! fit négligemment Blanca.

— Quel affreux métier que celui de ces soldats! Je ne vous cacherai point, ma chère, que j'ai beaucoup réfléchi sur notre séjour prolongé dans les montagnes. J'éprouve vraiment le besoin de revoir Madrid et notre vieil hôtel de Fuencarral. »

Blanca regarda son père d'un air soucieux et chagrin.

« Mon cher père, mon devoir est de vous suivre partout; mais je vous demande comme une grâce de différer le plus longtemps possible notre retour à Madrid. La gazette de ce matin, que j'ai parcourue puisque vous en négligez la lecture, annonce, d'ailleurs, que le pays est à feu et à sang. Qui sait même si notre calèche pourrait arriver jusqu'à Valladolid ? Le maréchal Bessières tient la campagne dans nos environs, et même, assure-t-on, ce fameux Napoléon, — pour lequel vous avez, si je ne me trompe, un secret penchant, une manière de coquetterie, — se dispose à nous envahir. Le séjour de Madrid me serait odieux... Père, n'est-ce pas que vous m'accorderez de rester longtemps encore avec mes fleurs ? »

Le marquis fit sauter l'aile d'une perdrix de Biscaye, la posa galamment sur l'assiette de sa voisine. Il remplit ensuite un verre de bourgogne et l'offrant à doña Blanca :

« Cela va de soi, mon enfant. En parlant de regagner la capitale, j'entends bien que le calme devra être rendu au préalable à notre infortuné pays. Et puis aussi, à quel monarque irais-je porter mes respects, moi, le père d'une héritière?... — Oh! pardon, ma fille bien-aimée, j'oublie toujours que vous ne désirez pas vous marier », ajouta le malicieux et aimable gentilhomme.

Doña Blanca, beaucoup plus sensible, en réalité, à la petite espièglerie du marquis qu'aux étranges complications de la politique espagnole, répondit avec une pointe d'humeur :

« C'est à croire que l'Espagne est revenue au temps des petits royaumes... Si je compte bien, nous avons trois rois !

— Lequel est le meilleur des trois ? Dieu seul le sait, fit le marquis avec deux doigts de scepticisme. D'ailleurs, rassurez-vous, Blanca, vous pourrez tout à votre aise jouir de vos œillets, de votre clavecin, et rendre vos devoirs à la mémoire de ce pauvre Juan... Nous avons à exercer la plus complète hospitalité à l'égard de notre militaire d'hier...

— Notre cher blessé, mon père.

— Bien dit, dona Blanca. Ce mot vaut un baiser. »

Et quittant le vaste fauteuil de cuir de Cordoue armorié, où siégeait son opulente personne, le marquis alla tout droit embrasser Blanca.

La table desservie, les deux Villamarino se réfugièrent dans leur petit salon particulier, celui que Blanca nommait « la chambre de musique ». La jolie Castillane fit mine de s'approcher de son instrument favori. Le marquis lui jeta un regard suppliant.

« Notre hôte dort peut-être. Mieux vaudrait vous abstenir. Voyez, j'ai moi-même fait transporter mon crémone là-haut, afin de n'être pas tenté par ce diable de Cimarosa. »

Dona Blanca se dit que le Français ramassé dans le parc commençait à tenir une bien vaste place dans la maison. Elle s'éloigna, non sans regret, de son clavecin à côté duquel elle avait déjà installé l'*Orphée* de Gluck et ce fameux *Matrimonio segretto*, la plus récente passion musicale du marquis.

« Il paraît, dit-elle en soupirant, que les Parisiens raffolent de *la Vestale* du maëstro Spontini. Si les routes étaient sûres, j'écrirais volontiers qu'on nous l'envoyât, mais cela rentre trop dans la catégorie des rêves. »

Depuis quelques instants, don Gabriel ne la quittait pas des yeux. Le vieillard semblait abîmé dans une songerie délicieuse. Cependant, de temps à autre, son regard montrait la trace d'une certaine préoccupation.

« A quoi pensez-vous, mon père ?

— Je pense, dona Blanca, que vous êtes belle et que vous aurez dix-neuf ans dans un mois.

— Le bonheur m'importe peu maintenant. Sur ce point, je le sens bien, ma volonté est d'accord avec mon cœur. Jamais je ne vous quitterai, mon père ! »

Neuf heures sonnaient à ce moment. Le léger bruit de cette sonnerie vint tirer le marquis du nouveau rêve dans lequel il semblait descendre depuis la dernière réplique de Blanca.

« A propos, ma toute belle, fit don Gabriel en abandonnant sa chaise d'un air guilleret, il y a du nouveau ! Je sais le nom de notre officier, de celui que vous avez daigné appeler notre cher blessé, — sans doute pour flatter mes manies de frère hospitalier, car je vous soupçonne quelque peu, doña Blanca, d'être prévenue contre tous ceux qui servent Napoléon.

— Oubliez-vous mon bien-aimé Juan !

— Dieu me garde de rayer de ma mémoire le souvenir de ce noble enfant, de ce vaillant chevalier ! Vous l'avez trop aimé, ma fille, pour que, moi aussi, dans la mesure qui convient à mon caractère et à mon âge, je ne garde pas toujours son cher souvenir. Mais après tout, savons-nous comment les choses se sont exactement passées ? Et qui vous dit que Juan n'a pas été la victime d'un de nos compatriotes ? Votre beauté, votre grâce, votre fortune ont fait naître tant de rivalités pendant vos apparitions à Madrid! Mais laissons cela. J'aurais trop de mal à vous convaincre... Pour le moment, je m'en tiendrai à ma découverte de ce matin : le nom de notre Français.

— Quelque pilier de caserne, sans doute, risqua dédaigneusement Blanca, quelque joli monsieur qui se repose de ses coups de sabre en fumant la pipe. Peut-être même n'est-il pas gentilhomme?

— C'est un roturier, en effet, répondit lentement le marquis. Mais un roturier taillé dans un beau tronc de chêne ou de laurier, — deux bois dont on fait les nobles.

— Et comment se nomme-t-il ce sans-culotte soutaché, car le bonnet à poil dont les coiffe leur Bonaparte, c'est toujours le bonnet rouge de M. de Robespierre?

— Là... calmez-vous, Blanca... Je suis bien persuadé que M. le chef d'escadron Calandre ne mérite en rien ces reproches. Je le crois homme d'honneur et franc militaire.

— Calandre! Est-ce un nom cela, mon Dieu! Peut-on s'appeler Calandre!

— Félix Calandre... pourquoi pas? Le prénom n'est même pas mal. On le trouve à foison chez les grands poètes de notre théâtre national, à commencer par ce bon Calderon, auquel vous me préférez Lope de Vega. »

Le petit pied de doña Blanca se hasardait à sortir de la longue robe sous laquelle il se tenait caché, et commençait à s'agiter en signe d'impatience. Le marquis, plaçant son tricorne sous son bras, s'empara de sa haute canne à pomme d'or, comme un homme qui va sortir. Alors, d'un air entendu, il retira des basques de son habit une manière de calepin à couverture verte.

« Voici, dit-il posément, le livret militaire de M. Calandre. Il témoigne hautement en faveur de ce jeune officier. Je vous le confie, si vous voulez en prendre connaissance, jusqu'au jour où, notre jeune homme étant guéri, il faudra le restituer. »

Sans répondre, Mlle de Villamarino s'empara du petit calepin. Quelle fille d'Ève, de grande race ou venant du peuple, pourrait résister au démon de la curiosité quand il s'agit d'un homme et surtout d'un jeune homme ? Doña Blanca ouvrit rapidement le mince amas de feuillets, et lut, sur-le-champ, la première page :

« *Calandre (Félix-Aurèle), né à Albi, dépar-*

tement du Tarn, ci-devant province du Languedoc, le 16 mars 1782... Il n'a donc pas encore vingt-sept ans, ce soudard. Cela promet... *Fils de Jacques Calandre, potier de terre, et de...* Quelle horreur ! mon père, le fils d'un potier, d'un faiseur d'alcarrazas ! Un potier ! »

Le vieillard reprit à Blanca ce fameux livret militaire, qui venait de jeter entre eux la pomme de discorde. Il en tourna rapidement quelques pages. Et, de sa belle voix claire et solennelle, sa meilleure voix de gentilhomme de la chambre du roi Charles IV, il lut majestueusement ceci :

« *États de services, grades et emplois* : En-
» gagé volontaire au 7ᵉ régiment de hussards,
» le 6 fructidor an VII, (23 août 1799) ; sous-
» officier, admis à l'école de cavalerie, le
» 20 brumaire an VII (11 novembre 1799) ;
» sous-lieutenant au 12ᵉ dragons, le 10 juin
» 1800 ; aide de camp du général Lannes ; lieu-
» tenant au 2ᵉ cuirassiers, le 15 août 1803 ; che-
» valier de la Légion d'Honneur, le 25 prai-
» rial an XII (14 juin 1804) ; capitaine aux dra-
» gons de la garde impériale, le 14 octobre 1806 ;
» officier d'ordonnance de M. le maréchal duc
» d'Istrie ; chef d'escadron aux chasseurs de la

» garde, le 15 novembre 1807; officier de la
» Légion d'Honneur, le 15 août 1808... » Il y a
encore bien d'autres choses à lire, doña Blanca,
mais nous les garderons pour plus tard. C'est
moi qui me charge du livret de M. Calandre.
Et maintenant, ma chère enfant, voulez-vous
me faire le très grand honneur de m'accompagner dans ma visite à ce fils de potier que la
Providence nous envoie?

— Volontiers, mon père. Mais a-t-il seulement quelque conversation, quelque usage du
monde, votre... nouvel ami? Pourra-t-il vous
remercier dignement de tout le mal que vous
vous donnez pour lui? »

Le marquis s'arrêta net, pâlit, eut comme
un tremblement nerveux par tout le corps.

« Doña Blanca, vous me désolez. Quelle
récompense mon âme attend-elle en ce monde?
Il m'importe bien peu que M. Calandre me soit
ou non reconnaissant... Ma fille, vous avez quelque humeur ce soir... Désirez-vous regagner
votre chambre? »

Mlle de Villamarino, les joues tout empour-
prées, confuse, laissa échapper un : « Non, »
faible comme un soupir.

« Eh bien ! s'écria joyeusement le marquis,

allons rendre visite à notre malade. Vous lui devez bien cela, ma chère, vous qui ne l'avez plus vu depuis hier... »

Cascaron se trouvait seul à veiller dans la chambre où dormait le commandant Félix Calandre. Le garde-mayor, transformé pour la circonstance en un excellent garde-malade, scrutait de l'œil es moindres mouvements du blessé. Il déclara à son maître qu'il y avait eu un brin de fièvre, quelques paroles incompréhensibles. Il était parvenu toutefois à faire prendre au jeune Français un peu de nourriture. Les aliments consistaient, selon les prescriptions de maître Matarens, en un grand bol de bouillon additionné de chocolat. Don Gabriel et sa fille s'assirent devant le lit. La blessure du front étant, à vrai dire, une simple ecchymose présentait un si bon aspect que le chirurgien n'avait pas hésité à faire enlever le bandage. Mlle de Villamarino put donc contempler tout à son aise la physionomie de l'officier. Elle dut convenir tout de suite que son visage présentait un ensemble de traits fort réguliers. Une des mains, la droite, sortait de la couverture. Force fut à l'altière Castillane de se rendre à l'évidence : cette main, quoique habituée à manier le sabre, était assez blanche pour laisser croire qu'elle avait perdu son anneau pastoral.

« Le bâtard de quelque général ! » se dit la jeune fille.

Mais elle eut l'indulgence de garder pour elle cette hypothèse assez risquée.

Don Gabriel fit signe à Cascaron de se retirer, ce que le vieux serviteur exécuta dans un profond silence. On entendait toujours le bruit régulier et doux de la respiration de l'homme. Il paraissait profondément endormi. Cependant, à plusieurs reprises, ses lèvres essayèrent des bégaiements, témoignant que le désir de parler luttait avec le sommeil. Au grand étonnement de Blanca, qui rapprocha sa chaise de celle du marquis, l'officier finit par ouvrir les yeux. Son corps s'agita d'un violent soubresaut, il passa à la hâte sa main sur son front où perlait un peu de sueur. Alors d'une voix très douce :

« Où suis-je ? qui êtes-vous ?

— Monsieur, répondit don Gabriel, je vous exhorte à demeurer calme. Vous êtes au château de Briviesca, chez le marquis de Villamarino... Vos blessures sont en bonne voie de guérison. On me répond de vous.

— Blessé ! je suis donc blessé ? » gémit Félix avec le plus candide étonnement.

Le marquis lui raconta brièvement à la suite de quels événements on avait dû le transporter dans ce lit. Le malheureux convenait de tout. La raison, la mémoire lui revinrent à la fois. Sa main serrait avec vigueur la main maigre et fine de son hôte.

« L'empereur vous remerciera mieux que je ne saurais le faire, monsieur le marquis... Oh ! vous êtes bons, vous êtes généreux, vous autres Espagnols ! Et vous, mademoiselle, combien je vous suis reconnaissant d'être à mon chevet ! »

Et Mlle de Villamarino reçut, sans broncher, toute une avalanche de compliments, et cela, dans le plus correct langage castillan qu'on pût entendre. Elle eut quelque peine à revenir d'une surprise également partagée par le marquis.

« Vous parlez l'espagnol ! s'écria doña Blanca.

— Un peu, mademoiselle, depuis la campagne de Portugal, que j'ai faite sous Junot. J'ai appris ce que je sais de votre langue, sur ma selle, entre Bayonne et Alcantara... Ah ! reprit-il avec vivacité, tout me revient maintenant... Je suis tombé dans une embuscade de guérilleros! Les lâches! Ils étaient au moins dix contre moi; mais je pense que mes deux coups de pistolet ont dû leur laisser des marques.

— L'alcade de Briviesca a fait enlever, ce matin même, les cadavres de deux de vos agresseurs, retrouvés sur la lisière de mon parc, dit le marquis.

— Les drôles, continua Félix, en voulaient à mes dépêches peut-être plus qu'à ma personne, et je me rappelle m'être évanoui au moment même où ils me les arrachaient... Et le maréchal Bessières, qui m'attendait ce matin près de Burgos, où ses divisions doivent se concentrer! Le commandant de place de Miranda avait bien raison de m'assurer que la route était dangereuse... Et puis mon gendarme d'escorte qu'ils ont massacré un peu après Pancorbo! Tous les torts sont de mon côté.

— Du courage et du calme, monsieur, fit le marquis encore ému de ce réveil. Les hommes aussi braves que vous n'ont jamais tort. »

Le commandant de chasseurs eut un geste de dénégation.

« Pardonnez-moi de vous interroger ainsi,

monsieur le marquis; mais mon aventure me paraît inexplicable. Blessé! Blessé, moi qui ai vu si souvent la mort! Blessé, moi si souvent épargné par les boulets! Croyez-vous que le chirurgien me permette de rejoindre l'armée avant trois jours?

— Cela est tout à fait impossible... Votre bras gauche est à guérir, sans parler de votre blessure à l'épaule. — Mais, monsieur, reprit don Gabriel d'un ton plein d'admiration, vous ne souffrez donc pas?

— Presque pas, répondit Félix.

— Eh bien! puisque je vous dois toute la vérité, sachez que votre convalescence sera longue. Mais je puis vous assurer que ni les soins de mes gens, ni les miens, ni ceux de Mlle de Villamarino, ne vous manqueront. Vous êtes ici chez vous.

— Oh! merci, merci, mille fois merci! »

A cet instant, Félix aperçut ses vêtements sur un meuble où reposait aussi son grand sabre de cavalerie. Le marquis, qui suivit la direction de son regard, l'informa alors que les objets trouvés sur lui, au moment de sa découverte dans le bois, étaient en lieu sûr.

« Ma montre n'a pas souffert?

— Nullement.

— Ah! c'est que j'y tiens à cette chère patraque! Elle me vient de l'empereur, qui me l'a remise lui-même, quelques jours après la bataille d'Iéna, dont elle porte la date... Et mon pauvre cheval, mon brave Sultan! Que j'aurai de mal à l'oublier!

— Commandant Calandre, voici notre chirurgien. Je reconnais son pas.

— Vous savez mon nom! » s'écria Félix.

Don Gabriel confessa qu'il devait cette indication à la montre de l'empereur.

« Bon courage, commandant, si toutefois une pareille recommandation n'est pas de trop pour un officier français. Vienne votre guérison et nous vous distrairons de notre mieux. Dona Blanca est bonne musicienne, cantatrice de talent. Je vous montrerai mes fresques et ma galerie. Je possède même un Vélasquez, un seul, hélas! Si vous êtes chasseur, j'ai les plus beaux chiens du pays; je vous ferai tirer quelques lièvres dans mes caroubiers. Mais vous ne sortirez d'ici que complètement rétabli... Entrez, entrez donc, maître Matarens! »

V

A quatre ou cinq jours de là, Félix Calandre marchait bon train vers son complet rétablissement. La cicatrisation de ses plaies ne demandait guère plus d'une quinzaine. Aussi commençait-il à abandonner sa chambre pendant plusieurs heures de la journée. Don Gabriel se montra particulièrement ravi des bons soins, de l'habileté de maître Matarens, qu'il rétribua en grand seigneur. On convint que le chef d'escadron ferait, le dimanche suivant, sa première apparition à la table des châtelains.

« Vous n'avez pas d'objection à faire, n'est-ce pas, Blanca? avait demandé le marquis.

— Aucune, répondit Mlle de Villamarino. Ce monsieur me paraît assez bien élevé, aimable causeur même. D'ailleurs, comme il n'est appelé à jouer aucun rôle important dans ma vie, — vous le savez mieux que personne, — je ne vois pas pourquoi nous ne l'aurions pas à dîner. »

Cette réponse ne satisfit qu'à moitié le bon gentilhomme. Toutefois il s'estimait fort heureux que les choses tournassent ainsi. C'était un sensible progrès. Il faut croire que les réflexions intérieures du marquis n'échappèrent pas à l'œil vigilant de dona Blanca. Mais elle se méprit sur leur véritable sens, car elle ajouta presque aussitôt :

« Soyez sans inquiétude, mon cher père, je ne demanderai pas à M. Calandre de dissertation sur la poterie française, mais je ne m'engage à rien pour la poterie étrusque. Ne nous disait-il pas, l'autre soir, qu'il a fait la campagne d'Italie ?

— Eh ! sans doute, ma chère. Vous ne vous souvenez donc pas qu'il a comparé le Murillo de ma chambre à coucher à je ne sais plus quel tableau du Vatican ?

— C'est ma foi vrai, sans compter les jolies choses qu'il a dites sur nos fresques de Tiepolo. Je me suis mis dans la tête, à la première occasion, de lui faire avouer qu'il est un peu peintre. »

Le dimanche arriva enfin, à la grande joie de don Gabriel. Félix, dont Mariquita, à part la manche gauche, avait réparé tant bien que mal l'uniforme, portait, avec l'aisance d'une longue habitude, son brillant dolman vert à brandebourgs d'or. Un moment, le jeune officier trembla de se voir condamné à coiffer le gros kolback de peau d'ours, ce qui l'eût peut-être ridiculisé aux yeux de Mlle de Villamarino, dont il redoutait l'esprit de critique et le dédain. Mais il eut la bonne fortune de retrouver, dans une poche de sa pelisse, le bonnet de police qu'il mettait au bivouac. Avec son bras gauche en écharpe, sa culotte collante emprisonnée dans les fines bottes d'ordonnance, sa taille de cinq pieds sept pouces, il avait vraiment une excellente tournure. Dès qu'il parut dans la salle à manger, don Gabriel le félicita chaudement.

« A la bonne heure, mon cher Calandre, voilà ce qui s'appelle reprendre goût à la vie... C'est égal, les balles de ces bandits vous ont gâté un uniforme neuf, à ce que je vois. »

Le commandant de chasseurs se mit à rire, puis, se tournant vers dona Blanca, qu'il gratifia d'un profond salut :

« Mademoiselle, je vous demande pardon pour mes guenilles.

— Pardon! pardon! c'est bientôt dit, riposta le marquis. Vos brandebourgs de la garde ont fort grand air. Décidément, votre empereur se connaît en beaux uniformes.

— Lui! s'écria Félix. Il sait tout, il voit tout, il peut tout... Pourvu qu'il ne me fasse pas fusiller! ajouta-t-il en éclatant de rire.

— Soyez raisonnable, monsieur, dit dona Blanca... Est-ce votre faute si les guérilleros vous ont enlevé vos dépêches? N'avez-vous pas payé cela de trois coups de feu? »

Le marquis prit son convive à part :

« Vous allez faire un dîner à la française, mon cher Calandre. Ne comptez sur aucun de nos mets nationaux.

— Eh! quoi, la légendaire *olla*...? »

— Retournée aux vieilles lunes. Mon cuisinier est un élève de votre illustre Beauvilliers. »

La porte s'ouvrit, et un valet annonça gravement :

« Le seigneur curé de Briviesca. »

Presque en même temps, le prêtre parut. C'était un rubicond sexagénaire aux joues roses et grasses. Son nez fleuri dénotait une nature en bonnes relations avec le Xérès et le Valdepenas. Le digne homme tenait son bréviaire à la main avec autant d'abandon que s'il se fût agi d'un faisan ou d'une poule d'eau, cadeau de quelque ouaille. Il salua le marquis et sa fille, puis, se débarrassant de son énorme chapeau en barque à la Basile, il épongea rapidement son front.

« La soirée sera belle, dit-il.

— Commandant, je vous présente notre pasteur de Briviesca et mon vieil ami, don Pascal. Mon confesseur et celui de Mlle de Villamarino est aussi, pourquoi le cacherais-je? une fourchette des mieux aiguisées. L'abbé, ma fille a pensé à vous. Nous avons des truites de l'Ebre.

— Mille grâces, dona Blanca, fit l'ecclésiastique... Ah! Ah! ajouta le *padre* en se tournant vers le chef d'escadron, voici donc notre officier... Ma foi, monsieur, je vous trouve fort belle mine. »

Après le dîner, les quatre convives passèrent dans la chambre de musique, où le café fut bientôt servi.

« Excellent, votre moka, monsieur le marquis, disait le prêtre... Quant à celui que me sert ma gouvernante, je n'oserais l'offrir au plus pouilleux de nos mendiants de grand chemin. C'est un breuvage sans nom, sans odeur ! Aussi que Satan emporte le Blocus continental, qui nous prive du sucre, du café et des épices des mylords de Londres.

— Don Pascal, dit le marquis en lui montrant Calandre qui causait avec Doña Blanca, la cavalerie française va fondre sur vous si vous persistez à parler politique. Permettez-moi, pour vous apaiser, de vous faire hommage de quelques-unes de mes fèves de Moka... Cascaron, dès demain, vous les portera à la cure. »

L'ecclésiastique donna à son corps majestueux la figure d'un arc-de-cercle. Il eut un sourire plein de béatitude et de langueur, comme si l'arôme du café lui passait déjà sous le nez.

« Monsieur le marquis, vous êtes mille fois bon *por el pobre Pascual.* »

Cependant, don Gabriel s'était emparé de son violon; doña Blanca se disposait à préluder au clavecin, lorsque le curé se plaignit de la chaleur et demanda la permission d'ouvrir la fenêtre, ce qui lui fut tout de suite accordé.

« Quel admirable pays ! s'écria Félix en s'avançant.

Le Français parcourut de ses yeux perçants la campagne environnante. Le balcon de fer forgé sur lequel il venait de s'accouder, était situé au-dessus même de l'écusson seigneurial des Villamarino, lequel surplombait la grande porte du château. Des oiseaux de mille espèces faisaient un délicieux orchestre, où les rossignols tenaient bien leur partie, et, de plusieurs côtés, la lune ricochait en rayons argentins sur d'innombrables massifs de citronniers et d'orangers. Les thuyas, les lauriers alexandrins, voisinant avec les pins verts, les caroubiers, les genévriers, dominaient une admirable verdure, que les jasmins et les roses parfumaient de leurs douces senteurs. Des alignements de myrtes bordaient en partie la route. Au loin, dépassant de toute sa hauteur l'amas grouillant, le fouillis tout moresque des maisons rouges et jaunes de la petite ville, le *campanario* de Briviesca dressait sa silhouette noire dans un ciel exquisement bleu. Dona Blanca rejoignit discrètement le jeune officier.

Derrière eux, le marquis et le prêtre, songeurs, sentant bien que l'heure n'était plus à la musique, contemplaient en silence les deux jeunes gens.

« A quoi songez-vous donc, monsieur ? demanda Mlle de Villamarino, quelque peu intriguée par l'allure rêveuse du soldat.

— Je songe que vous êtes heureuse de vivre en ce délicieux pays. »

Elle ne lui parlait pas, mais voulait le pénétrer... Le soumettait-elle à quelque épreuve ? Sa taille lui sembla plus élégante et mieux prise qu'elle ne l'avait cru tout d'abord. Les deux pointes de sa moustache noire dessinaient sur ses joues une ombre fine et légère ; et son geste, large et mesuré, semblait, pendant qu'il parlait, bénir les jardins.

« Cette province, finit par dire dona Blanca, n'a rien d'extraordinaire. Elle passe même pour stérile. Mais connaissez-vous Grenade, monsieur ? »

Le marquis venait d'abandonner son crémone pour jouir des charmes de cette belle soirée. Il ne put s'empêcher d'être inquiet. Pour lui, Grenade équivalait à dire : l'Andalousie, — ce qui pouvait attrister le Français en lui rappelant le récent désastre de Dupont à Baylen. Mais le jeune commandant ne parut point s'émouvoir de la demande, car il répondit fort tranquillement :

« Non, mademoiselle, je n'ai point vu Grenade, mais j'en meurs d'envie depuis que j'ai lu, dans la bibliothèque de votre père, les louanges de cette ville, la perle des villes, à ce qu'assure Gongora :

En tu seno ya me tienes
Con un deseo notable,
De que alimenten mis ojos
Tus muchas curiosidades...

— N'est-ce pas délicieux de préciosité ? fit dona Blanca à demi-souriante.
— Sur mon honneur, murmura don Pascal survenant, je crois que le seigneur commandant sera déçu s'il s'abandonne aux écarts lyriques de ce farceur de Gongora. Les poètes sont de grands menteurs, des bavards d'un aplomb rare, même les meilleurs. Voyez plutôt notre illustre Miguel de Cervantes : *Pastores en las riberas de Tajo, con quien naturaleza se monstro tan liberal...* Eh bien ! je suis prêt à le jurer sur la sainte hostie, voire sur la mitre d'or du métropolitain de Saragosse, je ne connais pas de fleuve plus insipide, plus sauvage, plus limoneux et plus bourbeux que le Tage,

au moins pendant son cours en Espagne, où ses rives ne cessent de présenter l'aspect le plus désolé.

— Bien dit, l'abbé, cria don Gabriel. Mais le Gongora n'en est point le plus aimable de nos trousseurs de vers.

— Quoi qu'il en soit, continua Félix, cette suave soirée, ce ciel d'azur, me rappellent la plus douloureuse émotion de ma carrière de soldat.

— La plus douloureuse, vraiment, mon cher commandant? Mais il me semble pourtant que les guérilleros de l'autre nuit...?

— Bah! trois misérables balles! qu'est cela auprès des souffrances morales qui peuvent assaillir un militaire! Non! je n'ai jamais éprouvé douleur plus aiguë que le soir même de notre entrée en Portugal, — un soir semblable à celui-ci, — le 18 octobre 1807, l'an dernier, quand nous eûmes franchi l'Herjas.

— Vous y étiez! s'exclama dona Blanca. Oh! de grâce, monsieur, parlez-moi, parlez-nous de cette journée... Comment est-il mort?

— Elle a perdu son fiancé ce jour-là, dit le marquis impassible.

— Pauvre cher comte de Nollez! » bredouilla

le curé en tirant un rosaire de sa soutane.

Le commandant eut un douloureux geste d'étonnement, bientôt maîtrisé. Son grand œil noir se fixa pendant quelques secondes sur Mlle de Villamarino. Enfin, après avoir secoué la tête avec un intraduisible sentiment de résignation :

« J'étais alors, dit-il, capitaine aux dragons, mais pourvu d'une mission spéciale auprès du général Junot. Quand nous partîmes d'Alcantara pour aller renverser le trône de la dynastie de Bragance, nous savions tous que notre expédition en Portugal serait une simple promenade militaire. Aussi étions-nous fort humiliés d'avoir été choisis pour cette besogne ridicule. Le traité signé par le roi Charles IV et l'empereur nous assurant le concours d'une division espagnole, nous avions avec nous un escadron de hussards castillans commandés par des officiers, qui tous étaient ce que sont toujours vos nationaux, de véritables gentilshommes. Il convient d'avouer toutefois que l'un de ces officiers, un capitaine en second, que je sus plus tard être un petit hidalgo de Galice, nous donna à tous de l'humeur par sa persistance à mettre en doute le courage des Portugais.

— Le lâche et le menteur, indigne d'être espagnol, cria dona Blanca.

— Calmez-vous, ma chère, et laissez achever le commandant, dont le récit nous intéresse au plus haut point.

— Sans doute, fit don Pascal qui était galicien, — le caballero commandant est beau conteur...

— Ceci n'est pas un conte, monsieur le curé, mais bien le sincère récit de la plus émouvante infortune qui puisse atteindre un militaire. Vous allez en juger bientôt... Ce capitaine, que je soupçonnais fort déjà d'être un officier de salon, un de ces fanfarons de la *lança en artillero*, comme dit Cervantes, avait positivement contre lui tout l'état-major de Junot au moment où l'Herjas fut franchi. A l'en croire, pas un Portugais ne tenterait de nous arrêter. Cependant, comme nous galopions à vingt au moins sur la grand'route, une véritable grêle de balles nous assaillit. Cela sortait d'une manière de posada, une maison basse que je vois encore d'ici... Nous nous précipitâmes de toute la vitesse de nos chevaux, la maison fut cernée, quelques Portugais tués à coups de sabre. Le capitaine de hussards, maintenant sûr de la victoire, était remarquable de cruauté.

Je vis alors venir à moi un jeune officier, de brave et belle mine, âgé de vingt-deux ou trois ans au plus. Son uniforme, criblé de coups de pointe, taché de sang, était celui d'alférez porte-enseigne du régiment d'Oporto. Je pris son épée, qu'il me tendait d'un geste plein de noblesse, lui répondant de sa vie et l'assurant qu'il serait traité selon son rang. Malheureusement, le général en chef me fit appeler pour me donner un ordre. On avait besoin de moi. Je n'eus que le temps de remonter à cheval et de confier mon alférez au capitaine Antonio de Ropas, — un nom que je voudrais chasser de mon cerveau ! ajouta rageusement Félix, les poings crispés. — Le capitaine approuva d'un signe de tête. Je lui criai à haute voix : *Je vous recommande Monsieur*, et je rejoignis mon général... Le soir, l'étape faite, et comme l'état-major venait de se mettre à table, je témoignai quelque surprise de ce que notre porte-enseigne portugais n'eût pas été invité à partager notre dîner. Le capitaine Antonio pâlit, puis riant d'un rire sauvage, avoua qu'il avait fait passer le prisonnier par les armes...

— Quelle horreur ! s'écrièrent les deux hommes pendant que dona Blanca sanglotait.

— Je me levai alors, reprit Félix Calandre d'une voix encore plus ferme, presque éclatante, — je montrai au capitaine la porte en lui jetant à la face, devant trente officiers au moins et plusieurs généraux, tous stupéfaits : *Je ne romps pas mon pain avec un lâche....* Tout de suite nous nous battîmes. Il avait choisi le sabre : il en est mort, le scélérat !

— Que le diable ait son âme ! risqua le curé.

— Mon pauvre fiancé ! disait Blanca.

— Mon cher Calandre, fit marquis, votre terrible récit nous donne enfin la clé d'un mystère. J'avais toujours pensé que les Français n'étaient point les auteurs de la mort du comte Juan, du fiancé de Mlle de Villamarino. Quant à l'infâme Ropas, il voulut se venger, vous le devinez, d'avoir été supplanté dans ses prétentions... »

A ce moment, une violente clameur s'éleva du côté de Briviesca. Le marquis s'arrêta net. Des cris, des vociférations sauvages, tout ce que la colère peut arracher de menaces et d'imprécations à une bande d'hommes furieux, remplissaient l'air, faisant on ne savait quelle épouvantable opposition à la sérénité de cette nuit calme d'automne. Bientôt une lugubre sonnerie d'alarme s'échappa du clocher voisin, et le chemin du bourg, à cinq cents pas de là, s'emplit d'une belliqueuse rumeur, d'un effroyable bruit de nombreux pas précipités. Quelque étonnante catastrophe s'annonçait. Dona Blanca, terrifiée, arrêta ses sanglots, quitta son fauteuil; et le curé laissa tomber son rosaire. Félix et le marquis venaient de se pencher par-dessus le balcon, lorsqu'un seul cri, fait de mille cris sauvages, retentit longuement dans l'espace:

« Au château! au château! Mort à l'officier! mort aux Français! »

VI

« Au nom du ciel, monsieur ! s'écria Mlle de Villamarino, vous ne pouvez pas rester ici, vos jours sont en danger ! Il faut regagner votre chambre tout de suite.

— Paix, ma fille. Notre hôte est sacré. Ma tête ne paierait pas un seul de ses cheveux ! » prononça gravement le vieil Espagnol.

En bas, les portes s'ouvraient avec fracas. Cascaron, qui venait de distribuer des carabines aux valets, les plaça devant l'entrée du château. Lui-même se mit au premier rang, l'espingole au poing.

« Abascual nous a trahis ! finit par dire le marquis en ceignant son épée.

— Le misérable drôle ! » s'exclama Mlle de Villamarino.

Le jeune commandant de chasseurs jeta un coup d'œil sur ses hôtes. Après avoir intérieurement admiré le sang-froid du marquis, qui réfléchissait aux dangers de la situation, le regard de Félix se fixa fiévreusement sur le beau visage, les cheveux d'or, la jolie taille de Blanca. On aurait pu croire qu'avant de mourir, il voulait dire adieu à tout ce qu'il allait perdre, si la fermeté de son maintien, le calme remarquable de sa physionomie, où pas un muscle ne bougeait, n'eussent montré qu'un tel homme tenait la mort pour peu de chose.

Tout à coup, la porte du salon s'ouvrit brusquement, et la chétive face de maître Matarens apparut, toute décomposée par la peur.

« Ils viennent, marquis, ils viennent! La compagnie de *Saint-Ignace*... Ce gueux d'Abascual est allé la chercher à Burges! Où est l'officier? »

Félix s'avança.

« Me voici, dit-il froidement.

— Cachez-vous, commandant, cachez-vous, caballero! Me tuer mon blessé, canailles! jamais, jamais! »

Et tout en rugissant cela, le petit homme brandissait une rapière hors d'âge, le joyau de sa panoplie.

Au dehors, les cris redoublaient, semblaient plus exaspérés, plus frénétiques, à mesure que la bande hurlante se rapprochait du château. Les *Muerte al Francès!* éclataient comme des gerbes de fusées, traversaient l'air en sifflant, puis s'apaisaient un instant pour faire place à quelque autre imprécation : *A bas le roi Joseph! Abasos Pepe Bottelas! Viva el rey Fernando!* Un autre cri, plus rare celui-là : *Abasos el endemoniado Napoleon!* alla droit au cœur de Félix et le frappa comme un poignard. Les cloches de Briviesca sonnaient toujours.

« Savez-vous qui les conduit? interrogea le marquis.

— Qui les conduit? répondit Matarens. Ne le devinez-vous pas à ces terribles hurlements, monsieur le marquis? C'est cette canaille de Télémaco Bosquito!

— Le chartreux de Miraflores! fit avec épouvante Don Pascal... Ah! l'indigne moine! le prêtre de malheur!

— Que personne ne s'émeuve... Rien n'est perdu. Mon cher hôte, vous êtes sous mon toit, vous êtes mon *alojado*... Ainsi vous n'avez rien à craindre.

— Hélas! rugit Matarens, ils l'ont condamné

à mort. Les délégués de la junte révolutionnaire, trois officiers de Castanos, marchent avec la guérilla de Saint-Ignace. La sentence a été rendue bien avant les portes du village.

— Ils savaient donc, pensa le marquis, que les habitants de Briviesca me sont dévoués. N'importe, cette circonstance est grave ! »

Don Gabriel fit remarquer que les cloches ne sonnaient plus. Alors on s'aperçut que la bande venait d'envahir les jardins. Mais, par on ne savait quel phénomène, les cris devinrent plus mesurés, la rumeur se disciplina. Cascaron, posé en sentinelle au milieu d'une allée, levant la tête, demanda au marquis s'il fallait tirer.

« Garde-t'en bien ! répondit du balcon don Gabriel. Mettez-vous tous les cinq devant la porte, un peu en avant... Là, ne bougez plus... Surtout que personne ne fasse feu sans mon ordre ! »

Tout à coup, les cris s'arrêtèrent. Le bruit des pas se cadençait, maintenant, comme dans une troupe régulière. Évidemment la bande obéissait à ses chefs. La marche elle-même cessa. Le jardin, noir de monde, était entièrement occupé par plusieurs centaines de partisans, de guérilleros armés à la diable, farouches, déguenillés, aux yeux luisants et hardis comme ceux des chats sauvages. Presque tous portaient le bonnet catalan ; les monteras de velours, en honneur dans la province, étaient fort rares. Quantité de moines en robe de bure, la tête nue, rasée en couronne, l'air résolu des vrais fanatiques, et quatre ou cinq prêtres efflanqués, d'aspect famélique, la longue soutane noire tachée de sang, sordide, effrangée à tous les buissons du chemin, coudoyaient dans les rangs les noirs contrebandiers, les paysans barbus, les bergers et leurs mayorals, les muletiers sans emploi, les escopeteros et les aguadors révoltés, qui formaient le fond de cette bande, l'une des plus féroces entre celles pullulant dans la Péninsule. Récemment, les dragons de Lefèvre-Desnouettes les avaient taillés en pièces, du côté de Subijana. Aussi étaient-ils furieux. Abascual, l'aide-sangrador, leur affilié, patriote exalté et l'un de leurs espions secrets à Briviesca, en leur signalant la présence d'un officier français au château de Villamarino, n'eut donc pas de peine à les faire changer d'itinéraire. Ils accoururent, au risque d'aller se heurter à l'avant-garde du corps de Soult, qu'on signalait déjà de ce côté.

Par une des plus singulières ironies de cette guerre de 1808, si fertile pourtant en aberrations de part et d'autre, le chef d'escadron Calandre avait été d'avance condamné à mort, — et sa sentence était en règle, au dire de la bande. La minute de ce jugement fut retrouvée plus tard, rédigée de la main même du terrible don Telémaco Bosquito, moine belliqueux et cruel, inquisitionnaire de choix et le digne émule du célèbre chanoine Balthasar Cabo. Le révérend Telémaco avait, à la suite de l'insurrection du 2 mai, abandonné sa cellule de la *Cartuja* de Miraflores, préférant, aux offices du couvent, les nuits à la belle étoile, les émotions de la guerre de partisans, et dans l'espoir, — il l'avouait volontiers après une bonne *matanza* de Français, — que le roi Ferdinand VII le nommerait grand-aumônier, sitôt l'ennemi hors de la Péninsule.

Les rangs de toute cette canaille étaient hérissés et barbelés de mille sortes d'armes de guerre. Les révoltes populaires sont souvent grandioses dans leurs sauvages improvisations, et le pittoresque n'a jamais rien à perdre avec elles. Ce sont des chocs d'ombres, des fracas de couleurs, des hurlements de contours et de lignes à faire croire à la vague harmonie du Chaos et comme à la discipline du Vacarme.

Quelques-uns de ces hommes portaient de lourds fusils de munition, héritage de pauvres fantassins français que la navaja ou l'escopette avait jetés par terre ; d'autres tenaient à la main des espingoles de cuivre, des tromblons, d'un modèle qui ne se trouve plus représenté aujourd'hui qu'à l'*Armeria real* de Madrid ou chez les petits-fils des brigands de la Sierra-Morena et de la Manche. Les couteaux catalans, les couteaux de chasse, les poignards à lame triangulaire, les yatagans à la moresque, les dagues à l'hispanique, tous les rebuts de Tolède semblaient s'être donné rendez-vous dans les jardins de don Gabriel. On pouvait croire aussi que les gueux avaient dévalisé en route quelque arquebusier en vieux, ou forcé les portes d'un musée d'artillerie, vu le grand nombre d'épées à poignées Renaissance, d'espadons fourbus, de colichemardes démodées, de vieilles rapières à la française qui brillaient à ces mains noires de poudre. Deux moines portaient des alfanges, comme les Mores de la tragédie du *Cid*. Un autre, à mine de sanglier barbu, agitait un briquet pris au cadavre de quelque grenadier du corps d'armée de Victor. La plupart des guérilleros montraient un pistolet, ou tout au moins un poignard passé dans leurs ceintures de laine rouge. Un grand nombre d'entre eux fumaient. Quelques navarrais, ayant conservé leurs *maquilas* à pointe ferrée, les brandissaient d'un air féroce. A la fin, une des robes de bure se détacha des ces groupes menaçants, et le marquis de Villamarino reconnut Télémaco Bosquito en personne.

Le moine tenait à la main la longue et fine épée des généraux de l'armée de La Romana. Il se retourna vers sa troupe.

« Que personne ne quitte le rang sans mon ordre ! »

« Savez-vous mademoiselle, que vos compatriotes sont terriblement beaux sous les armes ? dit Félix à l'oreille de dona Blanca qui, effrayée et ravie du sang-froid de l'officier français, essayait vainement de le cacher derrière elle.

— Ne montrez pas votre uniforme, de grâce, monsieur !

— Ah ! répondit vivement Félix, ma vie ne mérite pas tout le mal que votre père se donne pour la sauver... N'importe ! on tirerait quelque chose du peu que vaut cette pouillerie... Regardez-les : sont-ils superbes ! Il y a là à boire et à manger pour Vélasquez, Ribeira et même Zurbaran. Le beau tableau à faire ! Malheureusement, je n'ai pas mes pinceaux.

— Il est vraiment peintre », pensa doña Blanca.

Félix et sa jolie compagne abandonnèrent la fenêtre dont s'emparaient aussitôt le marquis et l'excellent curé. Don Gabriel mit son tricorne, comme un grand d'Espagne qui rencontre le roi à quelque angle de l'Escurial. Le chartreux, maintenant, s'avançait à petits pas. A deux toises de la fenêtre, il interpella le maître du lieu.

« Marquis Gabriel de Villamarino, êtes-vous là ?

— Vous me parlez ?

— A vous-même.

— A moi-même ?

— Au nom du roi Ferdinand VII, que représente ici la junte nationale de l'Indépendance, nous vous sommons de nous livrer l'officier français caché dans votre château.

— Cet officier est désarmé.

— Il y a sentence de mort !
— Le Français est blessé, malade.
— Il est guéri !
— Qui vous a dit cela ?
— Notre frère Abascual.
— Moine, passez votre chemin. L'officier français est mon hôte. »

Et, d'un large mouvement de bras, sec et brusque, le vieillard referma la fenêtre, à la grande stupéfaction des témoins de cette dramatique scène.

« Vous êtes sauvé ! » dit le marquis courant à Félix et l'embrassant.

Le moine, en effet, détala et regagna sa troupe. Là, il tint une sorte de conseil avec les trois officiers en uniforme espagnol, — un capitaine, un lieutenant et un alférez, — qui avaient rendu l'arrêt. Après quelques minutes d'un colloque vif, animé, souligné de gestes violents et frénétiques, Telémaco, résolument, revint de nouveau se poster sous le balcon.

« *Ave Maria purisima !* cria-t-il à tue-tête.
— ... *Sin pecado concebida*... *Quien es ?* demanda don Gabriel en reparaissant à la fenêtre.
— *Gente de paz !*
— A la bonne heure, *hermano*. »

Cependant, l'impitoyable chartreux avait relevé la pointe de son épée. Alors d'un ton d'une implacable et cruelle assurance :

« Les délégués de la junte prétendent, dit-il, que les devoirs de l'hospitalité sont et demeurent suspendus à l'égard de votre hôte, par suite de sa condamnation à mort pour le service de notre bien-aimé prince et seigneur, le roi Ferdinand VII. L'homme doit mourir. Marquis, livrez-nous l'officier.

— Que Dieu et mon roi me crachent sur le cœur et sur la face, si jamais je consens à pareille forfaiture ! Je ne livrerai pas l'officier français.

— Retire-toi, mauvais frère ! cria le curé Pascal en montrant le poing à ce camarade d'une autre robe... Deguerpis, bandit, et va faire ta coulpe, au pain et à l'eau, dans quelque oubliette de ta Cartuja !

— L'abbé, dit doucement le marquis, veuillez vous retirer vous-même. »

Le curé obéit, tout penaud.

« Ainsi, mon frère, reprit miellleusement la voix toujours claire et calme de Télémaco Bosquito, vous voulez empêcher l'exécution de la sentence de mort ?

— Absolument !

— Mon frère, votre château va être mis à sac. Nous allons employer la force.

— Savez-vous à qui vous parlez ? Je suis d'une maison où l'on ne craint que Dieu. Je garde l'homme.

« *Muerte al Francès !* » hurla le moine.

Et le terrible cri fut aussitôt répété par les mille furieuses voix de la guérilla de Saint-Ignace. Peu après, le bruit des tromblons, des carabines qu'on armait, arriva aux oreilles du marquis. En trois secondes il s'échappa littéralement du salon, descendit l'escalier, fit ouvrir la porte, écarta les valets, alla se placer devant le moine, et l'interpellant à son tour, comme illuminé d'une soudaine inspiration :

« Approchez, frère, » dit-il.

Le moine s'avança, le visage impassible, la pointe de l'épée vers le sol. Il paraissait avoir quarante ans, les yeux brillants et tachés des fièvres de l'ambition, la tempe rasée et luisante comme un vieil ivoire, les maxillaires énormes. La main était petite et maigre ; la bouche ne manquait pas de finesse, annonçait même un homme d'esprit.

« Mais vous ne comprenez pas, vous ne devinez

donc pas ! dit le marquis en se penchant vers l'oreille du chartreux, que la vie de cet homme m'appartient. Ce Français est à moi ! Mon honneur l'exige.

— Juste ciel ! murmura Bosquito à voix basse... Dona Blanca... ?

— Il l'a séduite ! Etes-vous espagnol, don Télémaque ? »

Félix Calandre eût été peut-être ravi d'entendre qu'on lui attribuait un tel honneur, mais ce dialogue étrange échappait à tout le monde.

« Marquis de Villamarino, dit le moine un peu ébranlé, il me faudrait une preuve de la légitimité des droits que vous prétendez avoir sur ce diabolique Français... Que voulez-vous, j'exècre ces gens-là, si d'autres les ménagent. Le jugement des délégués militaires de la junte est formel. Rien ne l'infirme encore dans mon esprit. *Acta, non verba.*

— On doit célébrer le mariage des deux jeunes gens.

— Quand cela ?

— A la paix. Vous êtes un excellent inquisiteur.

— Impossible d'attendre, mon frère... Je ne

m'inclinerais que devant un mariage qui serait célébré tout de suite et en ma présence. On pourrait alors, — si vous y tenez, — continua le serviteur de saint Ignace avec un jeu de physionomie qui fit frissonner le marquis, — vous accorder la grâce du mari de doña Blanca, de votre fils... sous la condition toutefois, acheva l'effrayant personnage avec l'à-propos que la casuistique donne toujours aux hommes d'église, qu'il consentirait à demeurer prisonnier sur parole jusqu'au retour à Madrid de notre légitime roi. Dans ce cas-là, la junte vous autoriserait à le garder chez vous, en vous rendant responsable de ses moindres actes.

— Je m'engage pour lui. Vous avez ma parole. Retirez-vous, mon frère.

— J'attends les fiancés, répondit froidement le terrible chartreux.

— Savez-vous que vous êtes un homme implacable, don Télémaque ?

— Je sers mon roi. »

Et, sur la face émaciée du fanatique personnage, passa une singulière expression de fierté et de grandeur sauvages. Comme toutes les passions humaines, les passions politiques ont leur majesté et leur beauté. Ce moine en était la preuve vivante.

« Eh bien ! mon père, que nous apportez-vous, la guerre ou la paix ? demanda avec une réelle anxiété dona Blanca, quand elle vit reparaître le marquis.

— La paix... ma fille ; je vous serais obligé de vous rendre dans votre oratoire, où je vais aller vous rejoindre... Voici, ajouta plus bas don Gabriel, la clé de votre baguier. Vous en aurez besoin.

— Bon, pensa dona Blanca, la vie de M. Calandre va me coûter quelque bijou. »

Mlle de Villamarino venait à peine de sortir que le marquis, ayant déposé son majestueux tricorne, marchait droit à ses deux convives et à Matarens :

« Ils sont exaspérés, enragés, ces guérilleros de malheur, et leur Télémaco Bosquito est un sectaire d'une ténacité incroyable. Il parle de fusiller les gens comme d'autres de boire un verre de Xérès... Il ne me reste plus qu'une façon de vous sauver, mon cher Calandre, je vais l'employer. Mais il faut, au préalable, que vous consentiez à quitter votre uniforme... qui les ferait voir rouge. José va vous donner un de mes habits. — Il le faut ! ajouta-t-il en voyant poindre dans le regard de l'officier les symptômes d'un refus.

— Mais, dit crânement Félix, je suis militaire et ne puis guère consentir...

— Nous allons nous rendre à l'église, vous comme les autres... surtout vous. Il s'agit d'un mariage à la célébration duquel nous devons tous figurer.

— Quel mariage ? demanda Félix extraordinairement étonné. Ils ne veulent donc plus me fusiller ?

— Non... Ils accordent à mon gendre ce qu'ils eussent refusé à mon hôte, les lâches ! »

Le chef d'escadron de la garde jeta au curé un rapide coup d'œil, comme pour lui demander si le vieillard n'avait pas été subitement atteint de folie. Mais le digne prêtre, ne comprenant rien à ce regard, attendit des seuls événements le mot de l'énigme.

« Pour tout dire, mon cher commandant, continua le marquis d'un air quelque peu embarrassé, votre union purement religieuse avec Mlle de Villamarino va être célébrée... Je n'ai pas besoin de vous faire remarquer que cet acte, n'ayant aucun caractère de légalité civile dans votre pays, n'engage en rien ni l'âme, ni la personne des conjoints. Tous deux, vous deux, vous demeurez libres à jamais et au grand jour... Dona Blanca, depuis la mort de son fiancé, est dans une situation morale telle que ses devoirs de chrétienne, — puisqu'il s'agit de vous sauver la vie, — peuvent se concilier avec le deuil de son cœur. Je suis sûr qu'elle va consentir ; et aux yeux de toute cette canaille indigne d'être espagnole, acheva le marquis en montrant le jardin où attendaient les guérilleros, vous passerez pour...

— Pour votre... Non ! monsieur le marquis, cela est impossible.. Ma pauvre vie ne mérite pas le grand honneur que votre admirable délicatesse, votre plus que noble générosité vous poussent à m'offrir comme une planche de salut ! Même à titre de simple lien amical, tout spirituel, à mille lieues d'une apparence de valeur quelconque devant les lois et les hommes, ce mariage n'en constituerait pas moins pour Mlle de Villamarino, dont je sais toutes les ferveurs de bonne catholique, une gêne, une entrave, peut-être même une légère humiliation... Mieux vaut mourir !

— Mieux vaut vivre, enfant ! s'écria le marquis en serrant avec une juvénile chaleur la main du loyal officier... Mon cher enfant !... mes cheveux blancs me donnent le droit de vous appeler de ce nom... N'avez-vous pas en France un empereur, des amis, une mère !... Une mère ! ajouta le vieillard d'un ton ému.

— C'est vrai ! fit douloureusement Félix.

— Eh bien ! vivez pour elle ! Je vais préparer notre complice à ce stratagème... sacré, — je ne crains pas de dire le mot, puisque la vie d'un vaillant homme en dépend... Quant à vous, Don Pascal, disposez-vous à célébrer une messe de mariage. Cascaron, qui a quelque obligation à Notre-Dame d'Atocha, vous la servira.

— Mais je ne suis pas à jeun ! s'écria l'ecclésiastique avec terreur, je ne puis toucher aux vases sacrés !

— Pardon ! il va être minuit, dit le marquis en montrant du doigt un cartel richement ciselé et dû au propre horloger de Philippe IV.

— Pour moi, observa fièrement Félix, je ne puis accepter un tel honneur qu'à la condition de conserver mon uniforme. »

Le marquis n'osa rien répliquer. Dans l'oratoire, il eut fort à faire pour vaincre les scrupules de dona Blanca. Toute sa foi catholique, la noblesse de sa race, les répugnances de son sang, son dédain pour les gens privés de naissance, l'éloignaient d'une telle pensée. Sans parler du pauvre don Juan !

« C'est un être plein d'honneur, un galant homme, incapable de se méprendre sur la pensée de dévouement, l'esprit de charité qui vous aura guidée... Il est perdu, Blanca, si vous l'abandonnez ! Ces hommes sont là et l'attendent... »

Alors elle s'abîma, pendant de longs instants, dans la mêlée de ses pensées douloureuses et confuses... Donner, au pied des autels, et devant tous, sa foi et sa main à cet homme, n'était-ce pas pour elle, catholique et fiancée inconsolable, une injure faite à Dieu et à la mémoire de Juan ?... Sans doute, mais la charité chrétienne avait ses impérieuses exigences. Ce mariage sauverait la vie à un homme, et à un homme capable de reconnaissance et de délicatesse, à un homme qui n'oserait jamais prétendre à la moindre parcelle de son cœur. D'ailleurs, la guerre finie, l'Espagne une fois libre, cet étranger, ce passant, ce Français ne disparaîtrait-il pas pour jamais ? Pouvait-elle se refuser, pour éviter qu'on répandît du sang, à l'accomplissement du plus émouvant des sacrements, de la plus poétique action d'une existence de jeune fille ?

A ce moment quelques cris de mort, provoqués par un dénoûment trop long, à leur gré, et aussi la crainte d'avoir été les jouets du marquis, échappèrent aux guérilleros. Quelques-uns même des plus décidés allèrent se poster devant les issues du château. Un muletier d'Avila déchargea d'ennui sa carabine, qui retentit dans le vallon comme un coup de tonnerre. Un glas funèbre sonna dans l'âme anéantie du gentilhomme.

« Entendez-vous, mon enfant bien aimée ! Ces hommes vont réclamer du sang... Laisserons-nous massacrer ce malheureux sous nos yeux ?

— Soit... j'y consens... par piété ! dit la fière Espagnole. Dieu m'absoudra ! »

Dans le jardin, quand elle descendit au bras de son père, le bouquet de fleurs d'oranger à son corsage de velours noir, la mantille de dentelles cachant à peine à moitié ses longues nattes blondes, les rangs de la guérilla, le froc de Bosquito en tête, s'ouvrirent avec un long murmure d'admiration pour la laisser passer. Derrière elle, le curé, Matarens et Félix fermaient la marche. Les prunelles de tous ces hommes se braquèrent avidement sur l'uniforme du fiancé, mais pas un d'eux ne bougea. L'officier, impassible, semblait ne rien voir. Peut-être songeait-il aux suites bizarres qu'avait eues son aventure. Fort heureusement l'homme manquait de vanité, quoiqu'il eût eu d'assez nombreux bonheurs féminins. Aussi se promit-il bien de ne pas dire un mot de cet invraisemblable mariage dans les salons de la générale J..., où il fréquentait assidûment.

« Ni surtout aux camarades, ajouta mentalement Félix. Ils se moqueraient trop de moi. Et cependant, je vois d'ici l'église ! »

On atteignait, après quelques minutes de marche, la cure de Briviesca. Quelques villageois, attirés par la rareté d'un mariage à pareille heure, ou mis au courant de la façon brusque dont on l'avait décidé, voulurent en être les témoins. Toute la guérilla entrait dans la vieille église, le chef au premier rang, lorsque vinrent à tinter lentement les douze coups de minuit. Les crosses des carabines répondirent en s'abattant sur les dalles du chœur. Le marquis de Villamarino ne dédaigna pas d'aller tenir lui-même l'orgue, et le curé célébra la sainte messe avec un remarquable sang-froid.

Quand tout fut terminé, les signatures échangées à la sacristie, la jeune mariée laissa à don Pascal deux cents doublons pour les pauvres de la paroisse.

Télémaco Bosquito, l'âme et la tête de la guérilla, n'eut pas de peine à faire ratifier sa décision par les trois délégués de la junte et la bande. A voir toutes ces faces farouches, ces hommes agenouillés et donnant les marques de la plus profonde piété, de la plus sincère ferveur, nul n'eût pu croire que l'idée de verser le sang les possédait encore quelques minutes auparavant. Mais lorsque le cortège reparut dans la nef, l'église était déjà vide. La guérilla venait de partir.

Un peu plus tard, au moment de prendre congé de ses hôtes, le chef d'escadron Calandre s'avança vers Mlle de Villamarino.

« Mademoiselle, dit-il, je ne sais comment vous remercier... Grâce à vous, peut-être reverrai-je ma pauvre mère ! »

Hélas ! à ce même moment, dona Blanca se

souvint à la fois de don Juan, qui était comte, et de l'humble naissance de l'officier de chasseurs. Un épais nuage d'alcarrazas, passant devant ses yeux, lui cacha non seulement la personne de Félix, mais encore l'empêcha d'écouter les chaleureux remerciements du pauvre diable. Pour comble de malheur, le « marié » eut la fâcheuse inspiration de demander à baiser la belle main à laquelle il venait de glisser un anneau d'or. On lui répondit en se déclarant *refriada* et par un port de tête à humilier l'Olympe... « Ce n'était pas l'usage en Espagne, on était d'ailleurs enchantée d'avoir conservé à la France une vie qui promettait d'être glorieuse, etc. »

Le visage de l'officier s'empourpra, l'espace d'une seconde. Puis, il fit un profond salut et se retira sur le champ, la mort dans l'âme. Au moment où le marquis se disposait à le rejoindre dans sa chambre, afin d'adoucir le choc produit par l'excessive susceptibilité de doña Blanca, cette dernière ajouta encore au chagrin de son père, déjà fort éprouvé à la suite de cette journée d'émotions.

« Je ne sais trop pourquoi, dit-elle au marquis, cet homme m'est maintenant insupportable. Ce n'est pas sa faute, à coup sûr, car la nature l'a fait aimable, et je le sais brave comme un lion. Cependant, je ne me sens plus le courage de consentir jamais à le revoir. »

VII

Un mois se passa. Le canon avait tonné plusieurs fois dans la montagne. Palafox vint loger au château, puis, le lendemain 10 novembre, ce fut un général français, Mouton, le futur comte de Lobau. Il ne resta qu'une nuit, se contenta de deux petites pièces, et réprimanda vertement quelques sapeurs d'avoir installé leur cuisine dans le jardin. Le marquis prétexta une indisposition, doña Blanca se montra invisible, et le général dîna tout seul, silencieusement servi par Cascaron. On ne le revit plus, ni ses soldats.

Au bout de ces trente jours, le commandant Calandre ne portait plus son bras gauche en écharpe. Mais sa situation morale laissait à désirer. Il éprouvait quelque stupeur de n'avoir pas été invité, une seconde fois, à la table du marquis. Jamais Mlle de Villamarino ne remit les pieds dans la chambre du blessé. Cependant, comme les fenêtres de la bibliothèque, à peu près devenue, par ordre du marquis, le salon particulier de Félix, donnaient sur les allées du parc, l'officier put apercevoir deux ou trois fois la jeune fille. Mariquita l'aidait à cueillir des œillets. A la longue, dona Blanca, convaincue que le commandant passait la plus grande partie de ses journées à la fenêtre, finit même par ne plus paraître au jardin. Cascaron et la camériste eurent mission de veiller sur ses fleurs préférées.

M. de Villamarino n'avait pas cessé, quant à lui, de faire à Félix de fréquentes visites, que celui-ci rendait fort ponctuellement. Don Gabriel, de plus en plus, se sentait entraîné vers la nature droite de son hôte. Il ne revenait pas lui-même de la rapidité avec laquelle se cimentait cette amitié, vieille de quarante jours. Le marquis déployait la *Gaceta* devant le convalescent, et souvent la lisait lui-même. On touchait alors à la fin de novembre. Napoléon étant de sa personne en Espagne, la pacification du pays commençait à se dessiner. Bessières et Moncey faisaient des miracles. Calandre, hors de lui, parlait maintenant de partir, d'aller rejoindre l'armée.

« Que doivent penser mes camarades et mon colonel ? Peut-être me croit-on mort. » Le marquis, l'apaisant de son mieux, s'opposa formellement à toute tentative de départ.

« Quinze bons jours de repos vous sont encore nécessaires, au dire de Matarens. Et puis, mon cher Calandre, j'ai presque des droits sur vous... N'êtes-vous pas un peu mon...

— Votre prisonnier ? » demanda anxieusement Félix, songeant à la mystérieuse façon dont les guérilleros s'étaient calmés, certaine nuit.

Il ne pensait point dire aussi bien la vérité. Le marquis, pour ne pas l'attrister, se garda de lui laisser croire un seul instant à la perte de sa liberté.

« Mon ami ! vous êtes mon ami ! » répondit-il vivement.

Félix n'en avait pas moins quelque inquiétude sur sa véritable situation. Mais il ne crut pas devoir la faire partager à don Gabriel. Un de ses fréquents sujets de conversation, c'était « la santé » de Mlle de Villamarino.

« Dona Blanca se porte bien, mais est un peu triste, assez même pour rechercher la solitude... »

Le marquis rougissait trop en disant cela ; et Félix ne pouvait s'empêcher de tomber dans une mélancolique rêverie. — « Pourquoi, songeait-il, m'a-t-elle ainsi banni de sa présence ? Pourquoi me refuser l'innocente faveur de lui baiser la main ? »

Deux ou trois fois par semaine, l'aimable vieillard venait lui-même dîner avec Calandre. La table, toujours couverte des mets et des vins que celui-ci préférait, était dressée dans la bibliothèque. Le marquis avait même spécialement attaché Pédro à la personne de son jeune ami. Ces soirs-là, don Gabriel se contentait de donner le bras à sa fille pour la conduire devant l'unique couvert de la table châtelaine ; après quoi il mettait son tricorne, l'air affairé.

— « Allez, mon père... Je devine que vous dînez avec... *lui !* Ne le faites pas trop attendre, » finissait par dire Blanca, après avoir joui quelques instants de la gêne du marquis.

Don Gabriel épiait patiemment l'heure où sa fille témoignerait elle-même le désir de se retrouver avec leur hôte. Toutefois, le caractère altier, vraiment castillan, de dona Blanca lui laissait peu l'espoir d'une réconciliation entre ces deux êtres jeunes et beaux, qui s'adoraient peut-être à l'insu l'un de l'autre. Force avait donc été de tirer parti des vastes appartements du château. Félix, toujours logé dans l'aile droite, au second étage, gardait la jouissance, du côté du parc, d'une entrée et d'un escalier particuliers. Toute rencontre était à peu près impossible. Eût-elle eu lieu, d'ailleurs, que le marquis ne s'en fût pas ému outre mesure, car il savait maintenant jusqu'à quel point l'officier français possédait le sentiment de sa dignité. Tout en soupirant après la fin de sa convalescence, son retour au régiment, le jeune homme se perfectionnait dans l'étude de la langue de Calderon, mettait à contribution les elzévirs français et les beaux livres espagnols du marquis. Il réussissait presque à prendre son mal en patience. Aux heures de ses solitaires repas deux superbes lévriers de Quintanapalla, d'une race et d'un port royaux, si ces mots peuvent s'appliquer à des lévriers, lui tenaient compagnie; et bien souvent leur maître lui-même se montrait. Un matin, mis en verve par un beau soleil, Félix demanda de la toile, des couleurs, un chevalet, et commença l'esquisse d'un portrait de femme. Lorsque don Gabriel apparut, vers la fin de la journée, il n'eut pas grand'peine à reconnaître les traits du « modèle ».

« Mlle de Villamarino sera tout à fait flattée d'apprendre que vous ne l'oubliez pas... Mais c'est que vous avez un véritable talent de coloriste, mon cher! Goya ne désavouerait nullement l'expression de ce regard, et Vélasquez reconnaîtrait un élève rien qu'à la façon galante dont ce nœud de ruban est posé... Où diable avez-vous trouvé le temps d'étudier la peinture?

— Goya! Vélasquez! Voilà de bien grands noms à propos d'une pauvre esquisse... Je ne peins, ajouta Félix, qu'en *amador*, comme dit votre joli mot espagnol. Mais je tiens à laisser ce portrait aux mains de dona Blanca, comme un faible témoignage de la reconnaissance que je lui dois... si toutefois M. le marquis de Villamarino veut bien y consentir.

— Que votre délicatesse n'ait aucune inquiétude sur ce point, mon cher Galandre. Votre portrait est agréé d'avance. On s'en montrera très flatté... C'est égal, je ne pensais pas que la garde impériale trouvât encore le moyen de rendre ses devoirs à Apollon, dieu des arts, après toutes les terribles messes qu'elle chante à Bellone ! »

Félix se mit à sourire.

« Je fréquente un peu l'atelier de M. le baron David, premier peintre de Sa Majesté, où ladite garde a ses entrées, et dans mon enfance, j'ai longtemps flâné au Louvre, sans compter un petit séjour à l'école des Beaux-Arts, où j'ai dessiné l'académie. Mon père, un pauvre artisan, un humble potier-céramiste d'Alby, en Languedoc, était lui-même un peu peintre. N'allez pas croire au moins que je suis le seul dans la Grande Armée à coqueter avec les arts. Le général Gouvion Saint-Cyr, celui-là même qui fait la guerre en Catalogne, a été bon peintre, après avoir été comédien ; M. le maréchal duc de Dalmatie se connaît en tableaux de maîtres autant qu'homme d'Espagne ; et, pourquoi vous le cacher? le maréchal Victor, que l'empereur vient de faire duc, passe pour avoir été violoneux avant de tenir le tambour au 37ᵉ de ligne. »

Le lendemain, à son réveil, Félix trouva dans

la bibliothèque un certain nombre de portraits, de pastels et deux ou trois miniatures représentant les magnifiques traits de Mlle de Villamarino. Il va sans dire que don Gabriel, désireux de rafraîchir la mémoire du peintre amateur, ne manqua pas d'y joindre certaine miniature de Goya qui représentait Mme de Villamarino à sa vingtième année. Il y avait une telle identité de physionomie entre la feue marquise et sa fille, que Calandre prit d'abord ce petit chef-d'œuvre de finesse et de grâce pour un authentique portrait de la fière Blanca. A la longue pourtant, ses yeux exercés et, il faut bien le dire, sa mémoire d'amoureux, la plus implacable de toutes les mémoires, lui permirent de constater l'innocente supercherie du marquis. Félix découvrit avec joie que « sa femme » possédait des yeux plus grands et plus noirs. Le roux de la chevelure jouissait aussi, chez cette dernière, d'une flamme plus dorée, plus vénitienne. En quelques jours, il joua des pinceaux avec tant de courage que le portrait fut presque achevé. Puis, comme l'un des coins de la toile semblait exiger quelque ornement, Félix y logea le portrait fort ressemblant de *Godofredo*, le plus aimé des deux lévriers qu'il nourrissait des reliefs de sa table.

Le 5 décembre, le portrait de Mlle de Villamarino reçut le dernier coup de pinceau, et le commandant de chasseurs, assez content de lui, y apposa solennellement son monogramme. Fidèle à la coutume de plusieurs peintres de l'école castillane, il ne manqua pas non plus de placer, à côté de ses initiales, une devise empruntée à la littérature du pays. Un instant, sa pensée s'arrêta sur la réflexion suivante : *Siempre se echa la culpa al pobre*, — qu'il traduisait librement par : « Je n'ai pas de particule. » Mais cette devise avait le double inconvénient d'être d'allure trop cavalière et d'alarmer la susceptibilité de dona Blanca, qui s'autoriserait de la chose pour refuser le tableau. Un volume de sonnets castillans, traînant à portée de son chevalet, vint enfin le tirer d'affaire. De son plus fin coup de pinceau, l'artiste en dolman traça alors ce simple vers, qui laisse tant de place à la pensée des grandes âmes : *El amor mata la muerte*. « L'Amour est plus fort que la Mort. »

Au dîner, le marquis lui annonça deux nouvelles, une grande et l'autre plus modeste. Cette dernière, c'était la mort de ce drôle d'Abascual, fusillé par ses propres frères en guérilla, à la suite de quelque trahison nouvelle. Ensuite, Napoléon venait de remporter une grande victoire à Somo-Sierra. Il marchait maintenant sur Madrid. Quelques journaux français, la *Gaceta*, un numéro du *Times*, — ce dernier introduit en contrebande, — donnaient des détails. Il paraît qu'un escadron de lanciers polonais avait fait merveille au sommet d'une crête.

« La belle charge ! Et ne pas être là ! s'écria tristement Calandre, après avoir dévoré quatre ou cinq relations différentes de la bataille de Somo-Sierra... Sont-ils heureux, ces gens de Varsovie ! Quant à moi, je n'ai pas de chance ! »

Et le pauvre prisonnier s'abîma dans un silence farouche, d'où le marquis eut grand'peine à le tirer.

« Savez-vous, mon cher maître, que votre *Jeune dame au lévrier* est décidément un joli morceau ? » murmura le gentilhomme en désignant la toile, qu'éclairait vivement le reflet du candélabre.

Mais Félix n'était guère à la conversation, mangeait à peine. Sa pensée, visiblement, habitait ailleurs. Un grand combat se livrait en lui. Tout à coup, il saisit nerveusement les mains du marquis, et le caressant d'un regard chargé d'affection :

« Monsieur le marquis, dit-il, ma résolution est prise. Je partirai après-demain. Cette vie d'inaction me pèse, me tue lentement. Souffrir plus longtemps m'est impossible, et je vous demande, comme une dernière marque de bonté, de me prêter un de vos chevaux, que Pédro vous ramènera dès mon arrivée à Burgos où l'état-major français me remontera.

— Vous prendrez l'andalou, mon cher, je ne connais pas de meilleur animal pour la selle. Mais j'entends que vous le gardiez. Il est à vous. Ce sera un souvenir de votre ami don Gabriel.

— J'accepte, répondit Félix joyeusement. Et, maintenant, reprit-il en changeant de ton et de physionomie, voulez-vous, mon très cher et bien-aimé hôte et sauveur, demander pour moi à dona Blanca ce que les diplomates nomment, je crois, une audience de congé ?

— C'est entendu, » dit le marquis.

Il venait de comprendre que toute objection serait inutile. Maître Matarens l'ayant rassuré, la veille encore, sur la santé du commandant de chasseurs, M. de Villamarino sentait bien qu'il n'avait plus aucune raison sérieuse de s'opposer au départ de Félix pour Madrid, où Napoléon et la garde devaient être maintenant arrivés. La route de la Castille-Vieille était sûre, les vainqueurs ayant des postes dans presque toutes les villes, sans compter que l'uniforme français commençait à redevenir, dans le centre de la Péninsule, le plus solide des porte-respect. Restait l'engagement pris avec le chef de la guérilla de Saint-Ignace, le terrible Télémaco Bosquito. Sur ce point, le marquis se sentait moins à l'aise. Toutefois il réfléchit que le moine passait généralement, depuis un mois, pour avoir été fusillé du côté de Valladolid; et dès lors le vieux noble se sentit tout à fait en repos.

Le lendemain soir, dans sa chambre à coucher, Félix Calandre se demandait s'il écrirait à son colonel pour lui rendre compte de sa mésaventure et de son séjour forcé au château de Villamarino. La pendule marquait neuf heures. Dans un coin, Pédro bourrait de linge un énorme porte-manteau. Le sabre fourbi, les boutons correctement astiqués, le valet prit enfin congé de son maître temporaire, qu'il devait escorter pendant une partie de son trajet. Le commandant de chasseurs renonça sans peine à sa lettre, supposant avec raison qu'il arriverait presque aussitôt qu'elle. Fort de cette facile décision, il se proposa de se mettre au lit plutôt qu'à son ordinaire, ayant couru le lièvre toute la journée en compagnie de don Gabriel. Toutefois, Félix ne put se résoudre à se dévêtir avant d'avoir donné quelques regards à l'une des nombreuses miniatures qui lui parlaient de dona Blanca. Comme il mettait la main sur un médaillon élu entre tous, il crut entendre, dans la pièce voisine, le frôlement d'une robe contre les meubles. Sa fine ouïe d'homme de guerre, experte à surprendre le moindre bruit, perçut presque aussitôt le discret va-et-vient d'une mule sur le tapis. Sans hésiter, le cœur gonflé du plus improbable espoir, il prit la lumière et ouvrit la porte conduisant à la bibliothèque. Son instinct ne l'avait point trahi. Dona Blanca était devant lui, rôdant autour de son portrait et s'éclairant d'une petite lampe. Il eut comme un éblouissement.

— « Etes-vous folle, dona Blanca ! Et votre père ! Et mon honneur d'hôte et de soldat !

— Ne vous hâtez pas de me condamner... Si

vous saviez ce que j'ai souffert ! Trop longtemps je me suis illusionnée sur mes véritables forces. J'avais trop compté sur moi, mon orgueil, ma fierté. Comme j'ai regretté, comme je me suis repentie de vous avoir mal jugé, méconnu... Mais je sens que ma volonté se défend mal... Je ne veux pas que vous me quittiez sans emporter l'assurance que vous laissez ici une amie ! »

Elle ne lui mentait pas : elle avait vraiment souffert. La venue de Félix Calandre, l'inattendu de son aventure furent pour l'Espagnole comme une nouvelle révélation de la vie. D'abord hautaine et méprisante, franchement hostile à cet étranger, à cette preuve vivante de l'Invasion et de la Guerre, elle avait senti peu à peu se fondre, au fond de son cœur, ce bouillonnement d'irritation et de colère. L'excessive discrétion du Français, le scrupule qu'il mettait à ne pas se montrer, sentiments en lesquels Blanca voyait comme la dignité du néant et de la roture, la firent revenir à de plus charitables idées. Félix était soldat, comme l'avait été don Juan ; il portait l'épée, il était jeune, beau et brave. Devait-elle austèrement chasser de ses visions l'image de celui qui ressemblait tant à l'*autre*? Blanca ne le crut ou ne le put point... L'ombre de Juan de Nollez cessa de hanter sa mémoire ; et brusquement, par un de ces sauts prodigieux qui semblent n'appartenir en propre qu'aux femmes, par une de ces palinodies salutaires, où elles se retrouvent tout entières, vivantes, justes, sincères, passionnées, — elle se mit résolument à admirer Félix.

Mais sa subite conversion lui réservait d'autres surprises. Le respect que lui inspirait l'hôte de son père s'augmentait de tant de mystère, elle rêvait tant de lui à ne pas le voir, que les mânes de don Juan de Nollez en furent bientôt oubliés, et cette fois encore, comme toujours, intervenant dans cette vie jusqu'alors attristée, forçant les portes de ce cœur indécis et solitaire, l'Amour eut raison de la Mort, — la passion étrangla le souvenir...

Il était enfin devant elle, elle pouvait le voir, l'admirer tout à son aise, lui parler. Anéantie, exténuée, Blanca se laissa tomber dans un fauteuil. Son beau visage respirait une animation extraordinaire.

Félix, troublé par cette radieuse apparition, déposa en tremblant sa lampe sur une table où se voyaient encore les débris de son repas.

« Vous sentez bien, mademoiselle, dit-il, en s'efforçant de redevenir maître de lui, que cette visite dont j'apprécie tout l'honneur et le prix, ainsi que le caractère amical, doit être excessivement courte... Avant tout, je vous en prie, rassurez-moi sur le danger auquel elle expose mon respect, ma reconnaissance, mon amitié pour votre père, et vous-même et votre glorieuse maison. Le marquis sait-il que vous êtes ici ? — Mais je deviens fou, ajouta le jeune homme, comment puis-je vous poser une pareille question? Songez à vous, dona Blanca, songez un peu à moi-même! Au nom de notre amitié, éloignez-vous, laissez-moi à toute ma tristesse, et emportez avec vous mon cœur, mon souvenir, tout ce qui vaut quelque chose en moi !

— Soyez indulgent, Félix, ne m'accablez pas... J'ai été privée pendant quarante jours de votre vue, du son de votre voix... Et vous allez partir! Et demain, je n'aurai plus que mes larmes, avec l'éternel regret d'avoir froissé, humilié peut-être, un homme aussi loyal et aussi brave que vous! Depuis que le marquis m'a appris votre départ, j'inonde mon oratoire de pleurs ! Ah ! c'est que je suis une vraie Castillane, moi, et qu'il ne m'en coûte rien de demander pardon à ceux que j'ai offensés !

— Ce portrait vous prouve quelle place vous tenez dans ma pensée, dit doucement le pauvre officier... Mais je vous en conjure de nouveau, au nom de notre commune amitié, que les hasards de la vie seront impuissants à étouffer, j'espère, regagnez votre appartement... Votre père vous aime tant ! Passe encore si Mariquita vous avait accompagnée, mais...

— Répétez-moi, dit vivement Blanca, que vous ne me gardez pas rancune de tous mes enfantillages, et acceptez de votre meilleure amie tous ses vœux pour la conservation de vos jours et la gloire de votre carrière.

— Voici ce que vous me demandez, dona Blanca, dit le jeune homme en lutte avec toutes les forces morales de son être : — une poignée de main d'homme d'honneur et de soldat. »

Il se leva, faisant mine de reprendre sa lampe et de partir. La jeune fille lui jeta un regard suppliant. En même temps, elle lui tendait un petit sachet de satin.

« Pour vous remercier de ce portrait où

vous m'avez vraiment flattée, dit-elle, permettez-moi, mon ami, de vous donner à mon tour un souvenir... le bouquet de fleurs d'oranger que j'ai porté... »

Elle reprit plus vivement, désormais esclave de ses sens et de son âme :

« Le bouquet de fleurs d'oranger que j'ai porté en ton honneur dans l'église de Briviesca.

— Oh ! merci, dona Blanca !

— Adieu, adieu ! vis pour ta femme ! » dit-elle à voix basse en s'envolant, pour ainsi dire, du fauteuil où elle s'était blottie.

Et comme elle venait d'atteindre la porte, Félix surprit encore une fois, sortant de ses lèvres enchanteresses, ce mot : *Adieu*, auquel il répliqua, lui, par le geste d'un baiser. Puis elle disparut Alors, comme il sentait bien qu'il venait enfin de se mettre en règle avec son âme, il se jeta sur son lit et y dormit le meilleur sommeil de sa vie.

VIII

« Eh bien ! mon père, demanda sur un ton de légère impatience Mlle de Villamarino, quelles nouvelles aujourd'hui ?

— Excellentes, comme hier. Calandre est arrivé en parfaite santé à Ségovie, où il a retrouvé les escadrons de Lefèvre-Desnouettes, et il m'annonce qu'il se met en route avec eux pour Madrid.

— Est-ce tout ? demanda-t-elle câlinement.

— Tout, riposta le marquis avec malice.

— Cherchez bien... fouillez les replis les plus secrets de votre mémoire, ou plutôt passez-moi la lettre de notre « ex-blessé ».

Le marquis s'exécuta de fort bonne grâce. La belle physionomie de Blanca s'éclaira d'un sourire, sourire d'une espèce depuis longtemps invisible. En même temps, le vieux noble songea avec délices qu'à sa connaissance le nom de Juan n'avait pas été prononcé depuis bien près d'un mois. Ce qui rendait Mlle de Villamarino si heureuse, c'était, après la signature de Félix, un petit post-scriptum où l'officier s'accordait à lui-même « la permission de baiser la plus belle des mains. »

Il ne se passait pas de jour sans qu'un cavalier français — l'autorité militaire assurait elle-même le service de la poste — ne déposât au château une épître du chef d'escadron, ainsi fidèle à l'engagement pris à son départ. Cependant, à peu près vers la date où, selon les calculs de don Gabriel, Félix arrivait à Madrid, il y eut un arrêt subit dans cette amicale correspondance. Blanca et son père comptèrent jusqu'à cinq jours sans courrier. — « Je n'aime pas beaucoup ce silence, pensa le marquis. Cela n'annonce rien de bon. » Mais il n'eut garde de laisser percer son inquiétude. Enfin, le sixième jour, Gascaron aperçut à la grille le bicorne d'un gendarme, et quelques secondes après, M. de Villamarino avait des nouvelles de Calandre. Quelles nouvelles ! Le marquis réclama aussitôt la présence de sa fille.

— « Êtes-vous, mon enfant, en état de faire un long voyage ?

— Mais sans doute, mon père. Je suis à vos ordres, et je crois deviner... N'est-ce pas le prochain couronnement du roi Joseph qui vous appelle ?...

— Hélas ! ma chère Blanca, notre ami est en danger. Voyez vous-même ce qu'il m'écrit ! »

On juge de l'émotion que dut éprouver doña Blanca, à la lecture de cette navrante lettre :

« Prison militaire de Madrid,
» le 14 décembre 1808.

» Monsieur le marquis,

» Le courage me manque presque en vous écrivant, et j'ai passé pour un bon soldat ! Il m'eût été si doux de vous revoir, il m'eût été si bon de serrer encore une fois votre main loyale ! Mais, hélas ! cette inappréciable satisfaction me sera probablement refusée, et je n'aurai plus le bonheur, tout l'indique, de présenter mes respects à Mlle de Villamarino. On m'a déclaré déserteur et jeté en prison, en attendant l'issue d'une procédure qui ne saurait être douteuse. Je serai certainement condamné à être passé par les armes. Moi ! un innocent !

J'ai pu sans difficulté, vous le pensez bien, monsieur le marquis, faire la preuve de mes blessures et de ma captivité forcée à Briviesca, où vous m'avez donné l'hospitalité la plus généreuse. Mais j'ai contre moi le fait de m'être rendu prisonnier *à une bande armée* (la guérilla de Télémaco Bosquito), *ce qui impliquait de ma part la reconnaissance de cette bande comme troupe régulière, alors que la seule armée régulière espagnole*, disent mes Cujas du conseil d'enquête, *était celle du roi Joseph*. L'empereur, à qui plusieurs généraux et un maréchal ont parlé en ma faveur, s'est montré fort indisposé contre les quelques officiers qui se trouvent dans mon cas. Peut-être votre intervention me sauverait-elle la vie. Mais il faudrait vous rendre à Madrid. Il s'agit simplement, ce qui est la vérité, vous le savez, de déclarer à mes juges que je me suis constitué prisonnier sur parole devant *trois officiers portant l'uniforme espagnol*, et non des guérilleros. Le temps presse, car l'empereur doit quitter Madrid le 20 décembre... »

« Partons ! s'écria résolument Blanca.

— Tout de suite ! C'est mon avis.

— Je vous accompagnerai partout, mon

père. J'irai, s'il le faut, me jeter aux pieds de Napoléon ! Nous sauverons notre ami... Félix vivra ! »

Le 18 décembre au matin, le prince de Neuchâtel, major général de l'armée française, accorda, au nom de l'empereur, une audience à M. le marquis de Villamarino. Celui qui était en ce temps-là le maître du monde, l'astre auquel les rois servaient de satellites, paraissait d'excellente humeur, au dire de ses officiers.

Dans la cour du palais, devant les degrés d'un perron, des dragons en sabots alignaient des bûches par piles égales ; et des officiers passaient rapidement près d'eux, sans rien voir, l'air soucieux, leurs longues aiguillettes d'or flottant dans le vent. Un petit caporal de grenadiers, le nommé Jean-Roch Coignet, tout en prenant des mains du marquis sa lettre d'audience, le renvoya du geste à une façon de colosse qui flânait dans les corridors, un Oriental en culottes bouffantes, dont le turban et le yatagan faisaient songer à quelque ballet de Grétry dansé quarante ans auparavant. Presque au même moment, deux jeunes généraux, brodés, chamarrés, soutachés, de l'or jusque sur le ventre, moustachus et basanés tous deux, s'abordèrent et se dirent bonjour, en s'appelant de noms allemands, mais dans le plus pur accent du Midi français.

Le premier, qui sortait de chez l'empereur, était le comte de Pratzen, autrefois Filippo Cortecchiato, berger d'une *pièvè* du cap Corse; — l'autre, qui y allait, se nommait Cyrille Turcan, comte de Hassenhausen par la grâce de ses balafres. Ce dernier, douze ans auparavant, tenait encore le soufflet de la forge paternelle sur le chemin de Pélissanne en Provence. L'habit brodé et fleureté d'argent du marquis lui parut d'assez mauvais goût.

Trois minutes après M. de Villamarino était introduit dans un vaste salon, au milieu d'un bourdonnement vite étouffé de colonels et de généraux chuchotant dans les embrasures des hautes fenêtres. Au fond de la pièce, sans épée et culotté de casimir, Napoléon était assis à un secrétaire aux pieds torses et frêles, la botte perdue dans les longs poils d'une peau d'ours. Son dos semblait enchâssé dans la gigantesque pendule d'acier qu'on voyait sur la cheminée derrière lui. Il avait l'air calme et reposé ; son regard perçant ne semblait s'inquiéter d'aucun des êtres qui étaient là, et ses cheveux fins lui faisaient sur le front deux grosses virgules luisantes.

Quelqu'un apporta silencieusement le courrier de l'archichancelier Cambacérès, arrivé du matin, puis se retira sans mot dire. César tenait à la main une lettre de Bibulus, lorsque le marquis entra. Napoléon le reçut en présence du grand-maréchal Duroc et du prince Berthier.

« Sire, s'écria M. de Villamarino avec l'accent que donnent le sentiment de la justice et la passion de la vérité, je viens vous supplier de faire mettre en liberté le chef d'escadron Calandre !

— Est-ce mon petit Calandre d'Iéna ? demanda l'empereur en se tournant vers Berthier.

— Lui-même, répondit le maréchal. La situation de cet officier supérieur, qui vient de rentrer de captivité, à peine guéri de ses blessures, a paru suspecte à M. le général Radet, grand-prévôt de l'armée, et l'enquête a conclu au renvoi devant un conseil de guerre... malgré mon intervention personnelle...

— Et la mienne ! s'écria vivement le duc de Frioul, et, depuis ce matin, celle de M. le maréchal duc d'Istrie ! »

En même temps, Duroc tendait à l'empereur un ordre de mise en liberté, que le maître signa après avoir scruté, d'un regard flamboyant, les physionomies des trois personnages.

« Je réponds de toute ma garde, » dit-il froidement en rendant le papier à Duroc.

« Je viens aussi, continua le marquis, demander à Votre Majesté l'anéantissement de la procédure.

— Anéantir une procédure ! fit sévèrement l'empereur. Pourquoi cela, monsieur ? »

Son œil de feu dévisageait le vieux noble d'une façon telle que celui-ci en fut intimidé.

« Sire, il y a méprise sur la véritable situation du commandant Félix Calandre... Mon gendre est innocent !

— Votre gendre ? Cela change la question. »

M. de Villamarino entretint l'empereur avec une chaude éloquence, et pendant près d'un quart d'heure, ce qui comptait beaucoup dans la vie d'un tel homme. Mais Napoléon était, ce jour-là, en veine d'indulgence. Le marquis se hâta d'en profiter. L'empereur n'aimait guère qu'on taquinât les officiers de sa garde, surtout ceux de la trempe et de l'avenir de Félix. Ensuite, il n'était pas fâché de voir ses soldats s'allier à l'aristocratie espagnole, ce qui passait encore à ses yeux pour la meilleure façon de conquérir le pays. Enfin, au point de vue strictement militaire, l'honneur du commandant de chasseurs se trouvait à couvert. La prévôté reçut donc, séance tenante, l'ordre de brûler ses paperasses.

« Quelle dot comptez-vous donner à Mlle de Villamarino? demanda Napoléon, justifiant ainsi les historiens qui l'ont accusé de se mêler de tout.

— Ma fortune entière, sire, environ cinq millions d'escudos.

— Eh bien! de mon côté, j'accorde au commandant Calandre, des chasseurs de ma garde, une dotation de cent mille francs sur ma cassette et le titre de baron de l'Empire. Entends-tu, Duroc? »

Le grand-maréchal ne répondit qu'en mettant sous les yeux du maître le courrier du ministre Clarke. Napoléon, l'ayant rapidement parcouru, ajouta alors ces quelques mots :

« Je donne au même Calandre le grade de colonel et le commandement du 4ᵉ cuirassiers, actuellement vacant. On en avisera au plus tôt M. le comte d'Hunebourg... Allez, messieurs. »

... Le mariage civil des deux jeunes gens fut régularisé, quelques jours après, devant l'un des alcades de Madrid. Le nouveau colonel s'installa princièrement à l'hôtel de Villamarino, ayant en poche un congé d'un mois. Ses dons naturels, sa noblesse d'âme se développèrent, et l'on adora bientôt dans l'armée ce jeune colonel, au régiment si bien tenu, toujours prêt à donner l'exemple, et qui se distrayait du champ de manœuvre en dessinant ou peignant ses camarades. Pour la baronne Calandre, la grâce exquise avec laquelle elle faisait les honneurs de son logis décida facilement la reine Julie à l'admettre au nombre des dames de sa maison.

M. de Villamarino mourut trois ans après à Briviesca, laissant inachevé un *Traité des chasses espagnoles*, qui eût fait autorité, au dire de ses amis. Quant à la carrière de son gendre, elle fut courte, mais extrêmement brillante. Sa jeune femme était invraisemblablement heureuse. Au commencement de 1812, le comte Calandre, déjà général de division, reçut le titre de duc d'Abensberg, et Napoléon commençait à le menacer d'un bâton... garni de velours et d'aigles d'or. Il était à Waterloo et y commanda le 3ᵉ corps *bis*, chargé d'enlever la Haye-Sainte.

Il blâma à haute voix, sur le terrain, — et, dit-on, en présence de l'empereur, — l'emploi des divisions d'infanterie en masses profondes, disposition fâcheuse que Ney avait eu la faiblesse d'adopter en fonçant contre le plateau d'Ohain. Le duc d'Abensberg déplut aux Bourbons. Trois ou quatre toiles de lui, paysages ou tableaux de genre, à tort attribuées à Isabey, figuraient à la vente de la duchesse d'Abrantès. Ségur et Fezensac, qui ont connu le général d'Abensberg, en parlent, dans leurs *Mémoires*, comme d'un des plus chevaleresques caractères des armées de ce temps-là.

DEUXIÈME ÉPISODE

LE PRINCE DE TURRIE

I

Nous avons vu l'heureux effet du mariage de Dona Blanca et du commandant Félix Calandre, au point de vue des mœurs espagnoles et françaises. Voyons maintenant l'influence exercée par une Parisienne sur le prince de Portancohèdre, personnage aussi noble que les Villamarino. Force nous est de transporter pour quelques instants la scène à Paris.

Paris, depuis qu'il vit, a fait un pacte avec l'antithèse. C'est la cité perpétuelle du contraste. On y brûle l'existence, ce qui en augmente singulièrement le charme, et on y réussit presque à diminuer la brutalité de la mort. C'est pour cela que la plupart des cimetières parisiens ont une physionomie si avenante, si engageante, si douce à l'œil de ceux qui survivent. Tombeaux à part, il semble qu'on pénètre, en franchissant la porte du Père-Lachaise ou de Montmartre, dans quelque grand parc réservé. La dernière de ces nécropoles, surtout, constitue une promenade aussi morale que récréative.

Les allées y ont des raffinements de silence, d'ombre et de mystère; les sentiers s'y font souriants. Quel analyste humain, quel lecteur attardé de Kant et même de Spinoza pourra jamais donner la mesure exacte des sensations que cause une violette éclose en avril, à l'ombre d'un cippe moussu! Quel étudiant d'Heidelberg oserait botaniser sur les deux cyprès voisinant avec la tombe de cette Jenny Colon, qu'adora Gérard de Nerval! Et puis il y a tant d'oiseaux qui chantent! tant d'innombrables boulevards, étroits et discrets, qui font la gloire des morts et l'honneur des vivants! On aime à se figurer ainsi le Céramique de la vieille Athènes. Le plus grand argument contre la crémation, si jamais l'urne aux cendres doit prendre place au mobilier domestique, ne serait-ce pas la perte pour Paris de ces trois admirables forêts publiques, dédiées par lui à Hécate, et qui ont pour noms le Père-Lachaise, Montmartre et Montparnasse.

Cela est à méditer.

Mais le cimetière de Montmartre est surtout charmant le matin, à l'heure des couronnes discrètes, des douleurs déjà aux prises avec les exigences de la vie, des douleurs qu'apaise forcément l'aiguillon de l'existence. Chose curieuse, magnifique philosophie d'une ville qui ne cessera point d'étonner le monde, la robe de deuil est *rare*, le matin, dans ce cimetière privilégié. En revanche, elle y pullule l'après-midi. Paris n'a pas voulu exagérer sa douleur en public. Certes, les défunts ont le droit d'exiger une visite ou des fleurs; mais nos Parisiennes futées choisissent leur heure. Il y a temps pour tout.

Un matin, deux femmes — l'une âgée et grave, l'autre jeune et jolie, toutes deux distinguées — passèrent lentement devant le gardien préposé à l'entrée de la nécropole du Nord. Leur toilette révélait un compromis entre le clair et le foncé, preuve d'une douleur cicatrisée depuis quelque temps déjà. On était aux premiers jours de septembre. La plus jeune de ces dames tenait à sa main droite, finement gantée, une grosse couronne d'immortelles et de perles sur laquelle on pouvait lire, en lettres noires, l'inscription : *A mon père*. L'autre femme portait une ombrelle et l'ouvrait, de temps à autre, pour se garantir du soleil. Parvenue au carrefour dit *de la croix*, juste à côté de la tombe de Stendhal, la jeune fille aux immortelles s'arrêta net et parut hésiter.

« Maman, dit-elle, je crois bien que *c'est par ici*.

— Non, chère Camille, il faut prendre à gauche. »

A cette réponse, celle qu'on avait appelée Camille eut un sourire d'incrédulité. Elle tourna vivement le dos aux mânes du pauvre Stendhal, regarda fixement sa mère; puis, sur un ton calme et mesuré :

« Cependant, maman, il me semble que la dernière fois... »

La dame âgée s'arrêta à son tour. Un homme de service, en capote bleue et baudrier de deuil, remarquant cette hésitation, s'apprêtait à leur offrir de les conduire à la sépulture en discussion, lorsque la mère de Camille reprit résolument sa route vers l'allée de gauche. Sa fille suivit docilement, sans parler. Toutefois, dans le bas de l'allée, elle ne put s'empêcher de rompre le silence.

« Maman, fit-elle, tu m'as l'air de bien connaître le chemin. Je te soupçonne d'être souvent venue *le voir* sans m'en rien dire. »

La mère ne répondit d'abord que par un gros soupir, et en embrassant Camille. Une seconde après, d'une voix triste et faible :

« Je l'ai tant adoré ! Malgré ses torts envers moi, envers nous deux plutôt, c'était mon mari, mon Gaston... Va, Camille, je l'ai bien aimé, ton père. Mais il me semble pourtant que toi seule as le devoir de lui apporter des fleurs. »

Bientôt, au tournant de l'allée, les deux Parisiennes s'arrêtèrent devant une pierre tombale, carrée et toute neuve. Aucun nom n'y était gravé ; mais une énorme couronne, fanée et défraîchie par le temps, aurait permis sans peine à un observateur de reconstituer l'inscription absente. Les lettres noires piquées sur la vieille couronne disaient, en effet, qu'elle avait été offerte à Gaston Verdot « par ses camarades de promotion ».

Camille arrangea, bien au milieu de la tombe, les belles fleurs fraîches; puis s'agenouillant sur le sol, aux côtés de sa mère, elle se mit à prier. Mme Verdot fondait en larmes. Celui qui l'eût aperçue, l'instant d'avant, ne l'aurait point reconnue maintenant. Tant il est vrai que les douleurs humblement portées sont encore les plus profondes. Camille ne crut point devoir essayer de consoler sa mère. Elle se releva, fit un signe de croix, alla par contenance regarder les tombeaux voisins. Elle en remarqua un surtout, assez bien sculpté, qu'un médaillon de bronze très en relief désignait d'avance à tous les regards. C'était la tombe d'un pauvre diable d'écrivain, mort sans le sou, en laissant deux ou trois chefs-d'œuvre. On voyait, sous le médaillon, sa croix d'honneur entourée de palmes. Cette particularité frappa vivement l'esprit de la jeune fille. Elle demeura longtemps à y réfléchir... Il fallut que Mme Verdot vînt la tirer de ses méditations.

« Maman, dit Camille, pourquoi donc n'a-t-on point gravé sa croix de la Légion d'honneur sur la tombe de papa?

— Tu es d'âge à connaître ce douloureux secret, mignonne... Ton père... Eh bien! ton père... ne l'a pas voulu dans son testament... »

Et, de nouveau, la veuve se mit à fondre en larmes... On voyait bien qu'elle avait menti, et que son mensonge avait été un pieux mensonge, une pure délicatesse du cœur maternel. Il fallait que le souvenir de Gaston Verdot ne fît pas rougir sa fille.

« Viens, mon enfant, partons! » dit enfin la mère de Camille.

Comme elles allaient s'éloigner de la sépulture anonyme, la veuve serra vivement la main de Camille.

« Donne-lui encore un regard, mignonne, puisque nous quittons Paris demain. »

La jeune fille obéit, et, à partir de ce moment, sa physionomie prit une inexprimable nuance de gravité et de mélancolie. Tristement, les deux pauvres femmes remontèrent la grande allée par où elles étaient venues. Le silence ne fut troublé que par Camille. A la hauteur d'un tombeau d'assez grande dimension, elle épela à haute voix une inscription.

« Un général, maman... »

Mme Verdot s'arrêta. Camille, maintenant,

lisait ceci : « ... Travot... Je lègue aux enfants du brave et vertueux général Travot... » Mais déjà sa mère l'entraînait :

« Curieuse ! allons, viens. »

A leur sortie du cimetière, un gardien les salua. Alors, n'échangeant plus que de vagues paroles, revenues tout entières aux réalités, aux duretés du sort, elles s'engagèrent dans le boulevard extérieur. Une demi-heure après, elles remontaient la rue de Clignancourt, cette rue d'allures populaires et patriarcales, où les concierges encombrent volontiers le seuil des portes, où les mômes jettent sans remords toupie et cerceau dans les jambes du passant. Leur maison, d'apparence modeste, était une de ces grandes casernes à cinq étages, comme nos faubourgs en contiennent des milliers. Il va sans dire que le portier de l'endroit, sous prétexte d'attendre le facteur, montait la garde à l'entrée en compagnie de son épouse. Lorsque les dames Verdot eurent disparu dans l'escalier, le concierge murmura gravement :

« C'est de braves gens, tout de même... Pauvre Camille ! j'ai vu ça tout petit... Tiens ! — ajouta-t-il en secouant le bras de sa femme, — elle est née en face, au 56... il y a dix-neuf ans. Son chenapan de père était alors commis principal des finances.

— Je m'en souviens bien, répondit la portière. Il me semble encore le voir, avec ses grandes moustaches frisées et son air enjôleur... »

Elle ajouta, sentencieusement :

« C'était un bel homme, Dominique. »

Pour bel homme, Gaston Verdot l'avait été à coup sûr. Fils d'un paysan du Cotentin, c'est-à-dire Normand et demi, il avait appris à lire et à écrire, grâce à la bonté d'un curé de village, tout en menant les porcs de son père à la glandée. D'une intelligence précoce, brutale, tournée tout entière vers les appétits lourds et matériels, il fut de bonne heure l'effroi et la terreur des pastourelles attardées sur le grand chemin, mais aussi la joie et le charme des métayères vicieuses. A dix-huit ans, il enleva la fille de l'adjoint, en fit trophée par les hameaux et les bourgs de trois départements, ne la renvoya chez elle qu'après la lassitude venue. La conscription le prit ensuite. Un tel homme ne pouvait servir que dans les cuirassiers. Il fit ses sept ans consciencieusement, en jurant, en jetant le trouble dans les cantines, en vantant et étalant ses amours sur les tables poissées de liquides des pensions de sous-officiers. Mais, beau garçon, hâbleur et parlant haut, avec de grands gestes pour appuyer sa faconde, il se façonnait en quelques mois une fausse élégance, qui éblouit facilement bien des provinciales prévenues en sa faveur. Ce géant normand menait son escadron à la baguette. Au régiment, il apprit la comptabilité, s'appliqua à toutes ces puérilités d'écritures et de tableaux finement calligraphiés, qui font la joie des majors et des colonels. On lui donna les galons de maréchal des logis-chef. Son congé terminé, il se réveillait un beau matin sur le pavé de Nevers, un bon certificat en poche. Pareil homme ne devait point perdre la tête. Il alla frapper tout droit à la porte des bureaux de la préfecture du lieu, où on l'admit comme expéditionnaire, grâce à sa *belle main* et à ses recommandations.

Gaston Verdot avait alors vingt-huit ans. Sa figure n'était point régulièrement belle, mais il avait de grands yeux vifs, beaucoup d'aplomb, les moustaches de Rollon, — des moustaches rousses tout humides encore des boissons frelatées bues dans les corps de garde. Il prit à

Nevers des habitudes, perdit de vue père et mère, se cantonnant au sortir de son bureau dans les cafés de la place Guy Coquille. Quatre ou cinq aventures avec des femmes de pharmacien ou de papetier lui firent une sorte de réputation. Notre homme économisa sur son maigre traitement, appela des protecteurs à son aide pour passer l'examen de commis titulaire, et fut admis. On le vit musarder, grave et la bouche en cœur, dans les petites rues mal pavées de la ville, sans négliger la place Ducale, qui est comme le noble faubourg de Nevers. Des mères ayant une fille à caser finirent par le saluer respectueusement.

Sa besogne faite, il se mêlait aux acteurs et actrices venus de Paris, s'inquiétant des mille occupations professionnelles des vagues Eldorados et des Alcazars innomés de la province. Des jeunes filles du monde glissèrent des billets doux dans les majestueuses basques de son habit. Un jour, le Tout-Nevers apprit que ce casseur de cœurs épousait Mlle Pauline de Saint-Loup, la fille bien dotée du docteur Jean de Saint-Loup, dernier représentant d'une vieille famille et la sommité médicale de la ville. Le beau-père eut le bon esprit de tourner bientôt de l'œil. Moins d'un an après, grâce à un tel mariage, le robuste Normand débarquait à Paris, et on lui donnait sans coup férir un emploi de commis principal au ministère des Finances.

Mlle de Saint-Loup vivait en extase perpétuelle devant le gars qui l'avait capturée. L'argent de la dot fila vite. Le jeune ménage se logea rue de Clignancourt. En 1864, ils eurent un enfant. Rien ne fut négligé, d'ailleurs, pour l'éducation de la petite Camille, qui parut avoir hérité la grâce robuste de son père, la réserve et l'amabilité de sa douce mère. A cinq ans, elle annonçait déjà une intelligence de premier ordre, une extraordinaire finesse d'instinct, un esprit pétulant et curieux. La guerre vint. Dans Paris assiégé, Mme Verdot s'enferma avec sa fille. Elle avait un frère, pauvre diable de compositeur d'opéras, rebuté de tous les directeurs de scènes lyriques et qui, mécontent de tous et de lui-même, courait l'Italie à la suite d'un cardinal qui l'avait pris pour maître de musique, à l'instar des ducs florentins de la Renaissance. Quant à Gaston, il suivit par ordre à Tours le gouvernement de la Défense, passa sous-chef de bureau, montra de l'intelligence, du coup d'œil, dans un gros marché de fourrages destinés à l'armée. On fit de ce bel homme, si bon chiffreur, un sous-intendant auxiliaire. Fortune inespérée ! Quand tout rentra dans l'ordre, l'an d'après, la commission de revision des grades attribua régulièrement à Gaston Verdot le képi brodé des adjoints à l'intendance militaire. Il avait conquis des manières supportables au contact des états-majors et des fournisseurs. Une nouvelle et lucrative carrière s'ouvrit devant lui.

Alors il fut « le beau Gaston Verdot », l'homme de toutes les chances et de toutes les audaces. Sa parenté avec les Saint-Loup le servit merveilleusement. Il le comprenait bien, en usait jusqu'à l'abus sans se mettre au-dessous de sa fortune. Vers 1875, à moins de quarante ans, il fut honoré du ruban rouge, et, quatre ans plus tard, on lui rendit son grade de sous-intendant, rang de lieutenant-colonel avec résidence à Paris. Camille et madame Verdot descendirent la pente de Clignancourt pour aller se loger dans une commode maison de la rue de Chanaleilles. L'enfant marchait sur ses douze ans, rose et souriante, adorable et adorée, en des toilettes exquises où se révélait le goût délicat de sa mère. Les Verdot eurent un salon bondé d'officiers, camarades de Gaston, et gros négociants ou industriels en relations avec l'intendance. La présidence du « Maréchal » donnait, dans Paris, une importance marquée à l'élément militaire. Gaston afficha bruyamment des opinions ultra-conservatrices. Il conduisait, tous les dimanches, sa femme aux offices de Saint-Thomas d'Aquin; et la pauvrette, en croyante sincère, tremblait un peu de donner dans la dévotion. Gaston la rassura à temps et rechercha les occasions de s'exhiber seul, en uniforme, dans les stalles du chœur. Un matin de printemps, une comtesse lui sourit. Puis, de comtesse il roula en marquise pour prendre enfin gîte dans le boudoir de la générale Trapperel de Mesneraye, la célèbre mondaine, celle-là même que nos petits journaux du quartier latin nommaient « la générale Béguin », et dont l'enivrant sourire avait réchauffé le Sénat du second Empire. Gaston Verdot, n'ayant jamais eu beaucoup de conscience, devait perdre la tête... Il la perdit. C'était écrit !

Sa cupidité de paysan normand se réveilla à tant de chance inespérée.

Il accepta de la générale une belle paire de chevaux de selle, joua gros jeu, — Dieu sait avec quelles ressources ! — et, trop heureux en femmes, fut pillé rasibus devant les tapis verts. L'innocente madame Verdot ne comprenait rien à l'agitation nerveuse de son mari. Ame peu faite pour soupçonner le mal, consolée par la présence de Camille, elle laissait au sous-intendant « la bride sur le cou », comme dit l'expression populaire. Celui-ci la comblait de joie en se montrant souvent au salon familial, en amenant du monde à ses réceptions du vendredi. Camille piochait ferme le piano et l'aquarelle. Parfois quelque fille de colonel, qu'on cherchait à marier, blonde fade et prétentieuse, s'installait au piano pour jouer une *Rêverie* quelconque, œuvre d'un artiste inconnu, désigné par la partition sous le nom de Fernand de Saint-Loup.

« C'est vraiment joli. Êtes-vous parents avec ce musicien ? demandait la galerie.

— Peuh ! répondait Verdot avec humeur, c'est mon beau-frère. Un aimable toqué qui nous a lâchés depuis longtemps. »

Il fallait voir, ces soirs-là, comme le père de Camille se rengorgeait dans sa tunique à broderies d'argent. Bientôt notre homme rompit avec la générale, qu'il trouvait jalouse et peu amusante, pour se jeter à corps perdu dans les cascadeuses de l'opérette et de la féerie. L'argent lui manqua. Avec autant de cynisme que d'habileté, il s'en fit en touchant de vastes pots-de-vin sur les marchés de fournitures militaires. Une forte adjudication d'avoine lui valut, deux hivers durant, les bonnes grâces de la petite Miranda des Bouffes ; et la complaisante réception de cent mille paires de bottines à lignards lui permit de souffler au baron Molsheim, le grand financier du temps, l'aimable Fanny Girard, si applaudie lors de la reprise du *Roi Carotte*. Vint le jour fatal où Gaston Verdot falsifia ses écritures. Il fit argent de tout, abusa de son emploi pour arracher au service personnel des freluquets, fils d'industriels et de banquiers. Déjà, deux ou trois fois, des conseillers à la Cour des comptes avaient bondi, sous le verre trouble de leurs lunettes, en examinant les paperasses de sa gestion. Il survint un changement de ministère. Le général Favier, l'homme le plus intègre de l'armée, s'installa à l'hôtel de la rue Saint-Dominique. Des esprits chagrins, ou clairvoyants, découvrirent de nombreuses irrégularités dans les comptes du sous-intendant Verdot. Tout d'abord, on le destitua sans bruit, en le privant du droit de porter son ruban de chevalier. Mais, comme on n'en finissait plus dans la découverte de ses malversations, on le mit en prison. Les femmes de généraux ne pouvaient plus, hélas ! tirer le beau Normand des griffes du conseil de guerre. Un camarade de Gaston, que Mme Verdot éplorée était allée voir, eut plus de courage que les autres. En allant visiter l'intendant détenu au Cherche-Midi, ce camarade mit un revolver entre les mains du criminel.

— Allons, mon vieux, fais ça pour ta fille et ta femme... Tu as eu la vie que tu désirais... Je t'en prie, ne presse la détente que dans un quart d'heure, quand j'aurai quitté la prison.

Gaston Verdot obéit aux prescriptions de son ami, ce qui amena la fin de toute procédure. Mais la veuve Verdot savait à quoi s'en tenir sur la moralité de son triste mari et la façon dont il avait compris la fidélité conjugale. Elle l'enterra donc sans trop de chagrin. Sur un ordre du ministre, les investigations ne furent pas poussées plus loin.

Pauvres femmes ! toutes les deux se sentirent perdues. Camille avait dix-sept ans, une beauté captivante, une distinction parfaite, qu'elle devait à l'influence de sa mère, à sa présence perpétuelle autour de son enfant. Les Saint-Loup du Morvan sont de bonne noblesse. Mme Verdot avait gardé les sévères traditions familiales ; et sans elle probablement, Camille, malgré son heureux naturel, eût manqué d'énergie et de fierté. Le ministre, en galant homme, assura pendant une année l'existence de la veuve et de la fille. Malheureusement, ces dames perdirent presque toutes leurs relations ; et cela au moment où l'on commençait à parler sérieusement du mariage de Camille avec un brillant et riche officier de chasseurs, le baron de la M..., neveu du maréchal Cantelier de Bossargues. Les deux Parisiennes, désenchantées, remontèrent à un cinquième étage de la rue de Clignancourt. De temps en temps, on allait porter des fleurs sur la tombe de l'indigne Gaston. Un soir, autour de la lampe du tout petit salon, on décida de congédier la bonne ; elle ne coûtait pourtant pas bien cher.

— A propos, fillette, dit Mme Verdot, entre nous, là, bien franchement, aimais-tu M. de la M... ?

Le mot *aimer* fit rougir Camille jusqu'au blanc des yeux. Mais n'ayant pas eu l'occasion d'approfondir le sacré mystère, elle ne se troubla nullement.

« Je ne crois pas l'avoir jamais aimé.

— Tant mieux ! car, vois-tu, chère enfant, j'en aurais été désolée pour toi... M. de la M... fait annoncer partout son mariage avec... une autre que toi...

— Jolis polichinelles que les hommes ! Comme si nous étions responsables devant le monde des fautes de mon père ! »

Le lendemain, on fit des projets de travail. Camille, en grand deuil, alla faire des visites en compagnie de sa mère, s'offrant à donner des leçons de piano, sollicitant même un emploi de lectrice ou de demoiselle de compagnie. La famille Verdot n'intéressait plus personne. Malgré la dignité de la veuve, la beauté et la distinction de Camille, leur excellente tenue et leur tact parfait, toutes les promesses qu'on fit à ces dames n'aboutirent à rien de sérieux. « On verrait, on ne disait pas non, on réfléchirait, » ainsi répondait celui ou celle qu'on sollicitait. Des mois se passèrent. Rien ne vint. On copia des rôles, ressource insuffisante.

La bonne à tout faire était partie depuis longtemps lorsqu'on entama le dernier billet de cinq cents francs. Comme elle voyait croître l'inquiétude de sa fille, Mme Verdot, du bout de ses lèvres, parla du théâtre, timidement, comme d'une extrémité encore éloignée...

— Jamais, maman répondit froidement Camille. Plutôt la mort !

La veuve embrassa sa fille.

— Ce que j'en disais était pour le cas où ma mort t'aurait laissée maîtresse de ta destinée.

Tout à coup, Camille poussa un cri de joie.

— Maman, nous sommes sauvées ! Tu sais bien, l'oncle Fernand, ton frère... l'oncle Fernand, qui m'aimait tant... Eh bien ! il nous avait encore écrit l'année dernière... je viens de retrouver sa lettre, que papa avait ouverte sans nous en parler... Eh bien ! l'oncle Fernand a signé sa lettre : *Fernand de Saint-Loup, maître de chapelle du principal de la république de Turrie, à Troys-la-Tour...* Allons vivre avec mon oncle Fernand !

— Troys-la-Tour, la Turrie, — observa Mme Verdot comme en sortant d'un rêve, — je ne connais point tout cela...

— Mais, maman, chère maman, la Turrie

existe... c'est un tout petit pays, une petite république, entre la France et l'Espagne.

Le *Bottin* des départements fournit aux deux femmes les renseignements les plus indispensables sur le mystérieux pays où vivait alors l'oncle Fernand, ce grand musicien incompris. Camille lui écrivit affectueusement et dignement. La jeune fille racontait tout, sans faux désespoir et sans phrases. Comment celui que le triste Gaston Verdot appelait « un toqué » accueillerait-il la requête de sa sœur et de sa nièce ?

Trois jours ne s'étaient pas écoulés que le brave homme répondait : « Comment donc ! Soyez les bienvenues, chères enfants. Je me fais même fort de marier Camille. » Un mandat-poste de mille francs accompagnait la lettre. « C'est pour vos babioles de femmes et votre voyage », disait l'oncle Fernand.

Le lendemain matin, on se rendait au cimetière Montmartre. La tombe de Gaston Verdot était honorée d'une dernière visite et d'une couronne payée vingt francs.

II

Un peu après Cauterets, le vieux prêtre qui faisait route avec les dames Verdot descendit de voiture pour regagner sa bourgade. Camille et sa mère demeuraient seules, livrées à leurs réflexions. Depuis deux heures qu'on était voituré, on ne cessait d'admirer cette merveilleuse portion du sol français. Le temps était superbe. Un ciel, digne de Naples, ou pour tout dire le ciel des Pyrénées, comblait d'extase nos deux voyageuses. Et toujours, toujours, la magnifique chaîne des monts se déroulait à leurs yeux. Elles ne regrettaient plus maintenant Paris et le faubourg quittés depuis deux jours à peine. Il était près de deux heures. La chaleur, quoique assez forte, n'avait rien d'incommodant. Sur son siège, le jeune voiturin chantonnait l'une des mille versions de la jolie romance de Gaston Phœbus, comte de Foix, le châtelain aux seize cents chiens :

> Aquèlis mountilhos
> Qué tan haùto sount
> M'empachoun de védé
> Mis amors oùn sount...

A un moment, le conducteur quitta le cocher, son compagnon, et, avec la familiarité des mœurs locales, s'assit sur la banquette demeurée libre à l'intérieur de la voiture, juste en face de ses deux clientes. C'était un gars basané aux favoris de crin, poli et bien léché, d'ailleurs.

« Sommes-nous encore loin de la frontière de Turrie? lui demanda Camille.

— Un petit quart d'heure, et nous allons atteindre le *port* de Valence-de-Turrie, — la *puerta*, comme disent nos voisins. La douane turrianne n'est pas trop formaliste avec les voyageurs français. Mais, pour ceux qui viennent par le versant espagnol, on se méfie et on lambine. Vous comprenez bien, mademoiselle, qu'il y a de la politique là-dessous... Le prince de Portencohèdre a toujours peur des carlistes.

— ajouta l'homme gravement. Aussi : défense absolue de porter un béret blanc...

— Comment appelez-vous le prince ?

— M. de Portencohèdre, répondit le conducteur en roulant furieusement les *r*... C'est comme qui dirait le souverain de leur nation. Il est *principal* de leur république. Vous savez que c'est un ancien seigneur français, un bon Français, comme vous et moi... Seulement il a eu des malheurs dans son ménage. Il a flanqué sa femme dans un couvent, à ce qu'on dit et, lui, il est venu faire le bonheur de la Turrie... Mais, mademoiselle, on vous racontera tout cela mieux que moi, quand vous serez arrivées. Un brave homme, ce prince de Portencohèdre ! Brave homme, et riche, riche ! Si vous allez jusqu'à Troys, vous verrez un rude château... Palabre, mon collègue de relais, prétend que les écuries sont parquetées et cirées tous les matins... chaque bête a son nom écrit au-dessus de la mangeoire, sur une plaque de cuivre, — d'autres disent d'or.

— Vous êtes Gascon, monsieur ? risqua Camille, mise en gaîté par la verve de cet homme.

— Non, mademoiselle, répondit le conducteur aux favoris de crin, je suis Basque... D'Orthez, pour vous servir. Il faut sept Gascons pour faire un Basque... Ah! le joli pays que cette Turrie où vous allez entrer... C'est comme l'hôpital de leur capitale... encore une étrangeté!... c'est le propre fils du prince de Portencohèdre qui en est le médecin en chef... et il s'y connaît! et les malades ne manquent de rien! »

Deux ou trois cahots annoncèrent qu'on venait de s'engager dans le chemin pierreux conduisant au *port*.

« Pas beaucoup de voyageurs, cette année, reprit le conducteur. Ils passent presque tous par Hendaye maintenant. C'est plus commode. La route d'Argelès devient une mauvaise affaire.

Bientôt, on dut quitter la voiture. Des mules de louage attendaient, conduites par un garçonnet de quinze à seize ans et un vieux homme barbu comme un mage. En un tour de main, les deux malles et les cartons à chapeaux de ces dames eurent quitté la galerie de la diligence pour passer sur le dos des bêtes.

« Maman, prenons le tramway! s'écria joyeusement Camille.

— Chère enfant! comme tu es gaie...

— Ce pays est si beau! »

Chacune des voyageuses se jucha sur une

mule, sans trop faire la moue; et la caravane s'ébranla dans la direction de la frontière en faisant clocheter ses campanes de cuivre. Une heure après, on dépassait « le *port* de Valence », limite extrême du fisc français. Camille lut sur un poteau l'inscription surannée, où la pluie a mis des arabesques de peinture noire : *Peine de mort pour les voleurs*. Un autre poteau, à droite, répète la même menace en espagnol... Soudain, sorti on ne savait d'où, un gros homme à face de paysan, porteur d'une manière de justaucorps en velours noir et à boutons de corne, guêtré jusqu'au nombril et l'air bon enfant, s'approcha des voyageuses. C'était le douanier turrian.

« Pardon, mesdames, » dit-il en portant la main à son béret.

Mlle Verdot, qui dirigeait tout depuis le départ de Paris, lui jeta deux pièces de cinq francs. L'homme refusa en souriant.

« Il n'y a pas de mal... Vous êtes étrangères, je vois cela... Mais nous sommes payés par la république... D'ailleurs, mesdames, vous pouvez repartir. Je vois que vous n'avez avec vous que des effets personnels. »

Il marqua chacun des colis d'un signe à l'ocre

rouge, puis salua d'un coup de béret. Les mules repartirent. De ce côté, la pente de la montagne est assez douce. En quelques minutes, on fut en vue d'un joli village dominé par un clocher élégamment élancé.

« Valence-de-Turrie ! Valence ! cria le vieillard qui tenait en main la bride des mules... Eh ! vermine, — ajouta-t-il en apostrophant le garçonnet, — va prévenir au relais pour que ces dames n'attendent pas. »

Gracieusement, sans gaucherie, avec la longue expérience du métier, il aida les voyageuses à descendre. Et comme il avait reçu son argent, il fit ses offres de services pour une nouvelle occasion.

« Le père Abascal, mesdames... toujours où vous m'avez pris. Guide au besoin. Il n'y a que cinq jours, j'ai conduit des Anglaises à Gavarnie... Abascal, guide au besoin, n'oubliez pas. »

Le garçonnet reparut. La diligence turriane arrivait. C'est la même qui sert de courrier aux Espagnols par Troys, Langaragga et l'Aragon. Il y a, de Valence à Troys, une lieue à peine. Aussi ce nouveau trajet fut-il rapidement exécuté. Les voyageurs pris à Valence étaient pour la plupart des métayers turrians ou des marchands de chevaux navarrais, — gens qui parlèrent tout le temps de trafic et de récolte, mais payèrent, mentalement, un juste tribut d'admiration à la beauté *francesa* de leur jeune compagne de voyage. A part une belle fontaine entourée de lauriers-roses, qu'on avait rencontrée en partant de Valence, quelques lignes d'orangers et de grenadiers vigoureux, la silhouette élancée d'un sycomore, de rares passants en béret bleu ou bonnet catalan, Camille ne put voir grand chose du pays où, désormais, elle allait vivre. Un claquement de fouet annonça qu'on atteignait Troys, capitale de la Turrie. Le cocher vint parlementer avec les voyageurs.

« On n'entre pas en ville, dit-il, par rapport à la prestation...

— C'est juste, murmurèrent quelques voix à l'intérieur de la voiture. Le Principal va se rendre à Notre-Dame pour prêter serment.

— *Solemnidad!* » glapit un vieux hongreur navarrais qui dormait depuis Valence, mais que l'arrêt de la diligence avait réveillé soudain.

Au même instant, les cloches d'une église voisine carillonnèrent à tout rompre. L'on entendit des sons de trompe, de cornet à bouquin,

des batteries de tambours. Puis, il se fit dans
la ville un remue-ménage, un vacarme extraordinaire. Des acclamations, des cris, des vivats
retentissaient. La diligence se trouvait arrêtée
devant la première maison de Troys, une sorte
de construction large et basse, où les rouliers
fréquentent, et à laquelle on a donné le nom
d'auberge de *la Dorade*. On ne s'explique guère
pareille enseigne dans un pays de montagne,
— la dorade étant le nom d'un poisson de la
Méditerranée. Mais depuis longtemps un grand
nombre d'hôtels et d'auberges du Midi se parent
de ce vocable, pendant que le Centre et le Nord
arborent gravement un *Grand Cerf* ou un *Faisan* souvent *couronné*.

Camille et sa mère descendirent de voiture
pour aller donner droit dans un groupe de gar-
çons d'auberge et de postillons. Tout à coup,
une grosse commère un tantinet barbue, quelque chose comme la duègne des romans pica-
resques, déboucha du coin de la rue, l'air es-
soufflé et solennel. Elle portait le casaquin de
serge noire et la jupe bariolée des servantes du
pays. Sa coiffure consistait en une sorte de ma-
dras, un bouquet de couleurs éclatantes où le
rouge et l'orange dominaient. C'est à peu près

ce qu'on nomme le *mouchoir* dans le bassin de la Garonne.

« Jésus-Maria ! glapit la femme, j'arrive à temps ! »

Et s'adressant au voiturin :

« Vicente, dit-elle, où sont ces dames de France ?

— Les voici. »

Il résulta d'une courte explication que la grosse commère se nommait Estefania, la propre gouvernante de M. de Saint-Loup, oncle de Camille. Son maître l'envoyait à la rencontre de ses deux parentes.

« Mais, disait Estefania en faisant force génuflexions, M. le maître de chapelle s'excuse de n'avoir pu venir lui-même... Il est retenu à la cérémonie... c'est le serment du prince... même que si ces dames tiennent à assister à la prestation, c'est chose qui mérite d'être vue, n'ayant lieu que tous les trois ans. Notre archidiacre officie... Pendant ce temps, je m'occuperai des bagages... »

III

Le carillon de l'église continuait, mêlé à des détonations d'espingoles et de carabines. Troys-la-Tour s'agitait, semblable à quelque fourmilière piétinée par un passant. Toutefois les bruits allaient en se disciplinant, peu à peu. Evidemment, il allait bientôt se passer quelque chose de solennel et d'extraordinaire, si l'on en jugeait par les figures affairées des gens qui se hâtaient d'entrer en ville. Camille exprima le désir de voir ce fameux serment. La question de toilette était résolue d'avance, car les robes claires de ces dames et leurs chapeaux de voyage l'emportaient en luxe sur l'accoutrement des rares bourgeoises cossues qu'on eût aperçues jusqu'alors. Les ombrelles déployées, Estefania fit ses dernières recommandations.

« Prenez la rue toujours tout droit, en montant jusqu'à la place Notre-Dame... Sa Grâce le Principal va sortir de la Maison Rouge, tout en face de l'église, dont vous voyez d'ici le double clocher... Pour revenir, mesdames, on passe devant l'hôtel, à l'angle de la rue Amour-de-Dieu. La première rue, à droite, c'est la rue Française ; à gauche est la rue *Pobre Pueblo*, la rue du « pauvre monde », comme nous disons. La maison de M. de Saint-Loup est à dix pas de là, rue des Morisques ; c'est la seule de la rue qui ait un *mirador*. »

Mme Verdot, étonnée, quelque peu distraite, ouvrait de grands yeux pensifs à chaque parole de la vieille servante. Mais Camille ne perdait point la tête. Après un nouveau colloque avec Estefania, elle se mit résolument en route.

« Verrai-je mon oncle ?

— Oui, mademoiselle. Don Fernand marchera en tête de la maîtrise avec le Conseil des Notables et les corporations de la république... N'oubliez pas : la maison au mirador. »

Sur ces derniers mots, la loquace Estefania entra dans l'auberge pour s'occuper du transport des malles et des cartons.

« Allons, maman, du courage, — dit Camille. — Tu n'es pas fatiguée, n'est-ce pas? D'après ce que j'ai cru comprendre à travers le verbiage de la vieille, c'est le fameux prince, le patron de l'oncle Fernand qui est en scène... Allons voir. Ce doit être curieux. »

En trois minutes, elles avaient remonté la ruelle et atteint une grande place carrée, plantée de deux rangées de sycomores entre lesquels s'apercevait une fontaine. Toute la population se tenait là, attentive et recueillie. Ce point forme le sommet du plateau où est posé Troys-la-Tour. De là on domine la ville, la campagne, la chaîne des Pyrénées françaises et espagnoles, les premiers contreforts de l'Aragon. Le ciel, clair comme un ciel de l'Attique, permet aux moindres yeux de distinguer nettement le Mont-Perdu, malgré son grand éloignement, car tout le côté méridional de la place est privé de maisons, par suite de la déclivité du sol.

Dans le bas, à deux ou trois cents mètres, au milieu d'une agréable prairie, verte comme l'émeraude, c'est d'abord la façade blanche du château de Portencohèdre, résidence du premier magistrat de la république et sa propriété personnelle. Derrière sont des bois, des vignes, des coteaux, des champs bien cultivés, où coule la Laudette, la plus jolie des deux rivières qui arrosent la Turrie. A l'orée du bois, on aperçoit les ruines d'une tour abandonnée, puissante construction qui remonte au temps des Maures, décapitée depuis longtemps de ses créneaux et traversée d'une crevasse, comme d'un gigantesque coup de sabre par lequel la tour dévide, peu à peu, tous les jours, ses noires entrailles de pierre. Troys tient d'elle son surnom. Il y a dix ans, *l'ayuntamiento* du lieu y logeait la pompe à incendie. Aujourd'hui, elle sert simplement d'asile à de nombreuses familles d'orfraies et de chouettes grises. Viollet-Leduc, qui l'a visitée au cours d'une de ses missions, la compare au donjon de Beaugency pour la masse, au *Vesone* de Périgueux pour l'élégance et le style. Derrière la tour maugrabine, un sentier blanc comme un galon d'argent va rejoindre, en serpentant à travers des massifs d'arbousiers, la route de Zacapétéquès où sont les plus riches domaines du prince, et par où l'on pousse jusqu'à Langaragga et Torquamadur.

Sur le côté oriental de la place, s'élève Notre-

Dame, vaste église du plus pur gothique, à triple portail comme nos cathédrales de la grande époque. Deux hauts clochers, fluets et bien dentelés, la décorent. Ils sont de l'architecte languedocien Pierre Sigallon. La coquette maison blanche, aux toits d'ardoise, qui longe l'abside sert de résidence au curé-archidiacre. En face se voit le seul hôtel du pays, le *Grand Hôtel de Turrie*, dont l'unique étage percé de petites fenêtres répond mal à ce titre pompeux. Le rez-de-chaussée est occupé par un café, où l'on débite des boissons glacées en été et, en hiver, des bols de vin chaud à la française. Ce café sert de bourse aux commerçants, principalement le samedi, jour d'arrivage en Turrie des *chorizos*, ou saucisses de l'Estramadure, des salaisons de Biscaye, de la marée de Santander.

Une étroite ruelle sépare l'hôtel de la *Casa de la Gobernacion*, maison où siègent les autorités turrianes et le corps de ville de Troys-la-Tour. C'est une antique masure barbouillée d'un horrible enduit mi-parti, des deux couleurs rouge et crème en train de tourner. Le peuple ne la désigne pas autrement que par le nom de *Maison Rouge*. Sous le mirador, ou balcon moucharabyé décorant l'édifice, se voit sculpté un écusson, qui s'efface lentement sous la pluie et le vent. Les hachures horizontales du champ d'azur, la devise : *Turris eburnea*, ont à peu près disparu; mais la tour d'argent subsiste, ainsi que les deux levrettes formant supports. Il y a, près de la porte de la *Casa*, un cadre de bois grillagé où l'on affiche les ordonnances du pouvoir central.

Pour la fontaine publique de Troys, elle a de quoi faire rêver un philosophe. C'est un carré maçonné portant un monolithe de dix pieds de haut et coiffé d'une sorte d'édicule où sont accouplés les bustes, — de piètres bustes, — de ces deux implacables adversaires : François 1er et Charles-Quint. On dirait deux gros marrons sculptés par un apprenti folâtre. A mi-hauteur de la pyramide, cette date : 1529 se répète sur chacun des quatre côtés. Ici se remarque une particularité assez étrange. Le monarque espagnol a la face orientée au nord, c'est-à-dire dans la direction de Paris, tandis que l'homme de Marignan regarde du côté de Madrid. Y a-t-on mis quelque malice? Les uns affirment, les autres nient. C'est probablement une distraction de l'architecte, Camilo Cottar y Vega, dont le nom se lit gravé autour d'une gargouille. La distraction est parafée, la gent architecte étant, de toutes les espèces artistes, celle qui tient le plus à la gloire.

Brusquement, la cloche de Notre-Dame cessa de sonner.

Environ mille individus de tout âge et de tout sexe entouraient un large espace libre autour de la fontaine. Grâce à l'obligeance de quelques bourgeois, Mme Verdot et sa fille purent parvenir, non sans difficulté, au premier rang de la foule. De là elles jetèrent de curieux regards sur les spectateurs. Tout ce populaire présentait à l'œil un pittoresque amalgame de costumes aux tons éclatants, de figures basanées, tannées comme le vieux cuir cordouan ou pâles comme un reflet de lune. Les femmes du peuple étaient, pour la plupart, tête nue, en jupes bleues rayées de rouge; les jeunes filles portaient de longues nattes brunes qui leur tombaient dans le dos, selon la mode navarraise D'humbles paysannes belles comme des madones, aux larges yeux noirs, rappelaient les beaux types espagnols peints par Fortuny et Regnault. Parfois une chevelure rousse flamboyait violemment au milieu des têtes brunes ; et l'on surprenait encore un notable de Troys, en correcte redingote noire et chapeau haut de forme, tout à côté d'un groupe de bergers venus de Langaragga, — des têtes de gitanos, des faces cuites à coups de soleil. La plupart des hommes portaient le long bonnet catalan retombant sur l'épaule. Les bérets, blonds et bruns, plus rares, dénotaient les citadins. Dans un coin, un touriste anglais donnait le bras à sa fille et se tuait à demander des explications.

« Ada, comprenez-vous la bizarrerie de ces gens ? Une solennité à cinq heures du soir ! *Improper !* Souvenez-vous qu'à Manchester...

— Pardon, mon père, le maître d'hôtel dit que cela est tout naturel. »

L'hôtelier, qui se trouvait près d'eux, les entendit.

« Songez, mylord, dit-il à l'insulaire, songez que c'est un vieil usage... Sept jours francs après le scrutin... Or, comme sa Grâce le Principal a été réélue dimanche dernier à cinq heures... »

Cependant, pour maintenir la foule, les cinq gardes-forestiers des cinq *plants* de Turrie, seule force armée permanente de la petite ré-

publique, vinrent former un cordon de l'église
à la Maison Rouge. Ils étaient vêtus de vert,
béret compris, guêtrés de noir, et portaient le
gros briquet à dragonne de laine et la carabine
des troupes du premier Empire. Leur chef, le
garde-mayor, reconnaissable à deux cors de
chasse d'argent cousus sur la poitrine, leur fit
mettre l'arme au pied. Par la rue voisine, débouchaient maintenant un chœur de petites
filles en blanc et écharpe bleue, gentilles à
croquer avec leur chevelure nattée et la rose
fraîche à la main, puis la maîtrise de Notre-
Dame, les dames du catéchisme de persévérance, les cinq députations populaires de Troys,
Valence, Langaragga, Zacapétéquès et Torquamadur, chacune avec sa bannière triangulaire
sur laquelle le nom du *plant* est brodé en soie.
Tout ce petit pays étale aux yeux un grand catholicisme. Il vint encore un groupe de chevriers turrians, la peau de bique sur l'épaule,
les ouvriers de la tannerie de Troys et une
vingtaine de gens en livrée verte, la domesticité du château. Les cinq tambours de ville se
tenaient à droite de la Gobernacion, la gauche
étant occupée par les fifres et les hautbois.

Quand chacun fut à sa place, un vigoureux

montagnard sortit de la foule, ouvrit à deux battants la porte de la Maison Rouge, et disparut sous la voûte. Il revint, la seconde d'après, une lance à feu dans la main. On le vit qui traversait rapidement la place pour disparaître à l'angle de Notre-Dame.

Le portail central de l'église s'ouvrit lentement, et l'on entendit retentir sur les dalles le bruit d'une hallebarde. Le suisse, Joséphin Lanchusque, une espèce de géant recruté sur le pavé de Toulouse, montra gravement à la foule sa barbe d'un roux fauve ; puis, ayant par trois fois salué la façade du palais des pouvoirs publics, il descendit les six marches du porche avec une majesté concentrée. Derrière lui, l'archidiacre parut en grand habillement sacerdotal, entouré de son vicaire et de ses quatre succursalistes. Presque aussitôt retentirent deux formidables détonations, et la foule battit des mains... La poudre ayant parlé, la cérémonie officielle commençait. Tout ce bruit provenait de deux humbles mortiers de bronze nommés *crapauds*, le fleuron d'un lot de vieux matériel Gribeauval acheté à la France sous Louis-Philippe. Un immense cri de *Vive la liberté !* déchira les airs : le prince don Maxence

Latapie de Portencohèdre venait d'apparaître au seuil de la Maison Rouge.

C'était un magnifique vieillard de soixante-dix ans environ, d'apparence robuste, de très haute taille et d'un aspect tout militaire. Ses cheveux blancs coupés courts se cachaient sous une toque de velours grenat cerclée d'un large galon d'or. Le visage soigneusement rasé, la lèvre fine et un peu amère, le nez énergiquement dessiné et le menton volontaire faisaient songer aux admirables médaillons de l'époque impériale et consulaire. Ses yeux, d'un gris pétillant, embrassèrent toute la place d'un seul coup. Avec un mouvement d'épaule d'une grâce presque féminine, il se drapa dans sa vaste simarre rouge à large bordure d'hermine, à rabat de fine dentelle ouvragée. Le cordon des commandeurs français se cachait sous cette dentelle. Don Maxence fit au public un léger salut, où s'incarnaient à la fois l'orgueil et la grandeur de la race, la valeur morale de l'homme et aussi l'assurance que donne une immense popularité.

Il prit en souriant un gros bouquet des mains d'une des fillettes en robe blanche, puis, comme il embrassait l'enfant, un second et formidable cri fit explosion : *Vive le Principal!*

La scène, à ce moment, ne manquait pas d'une certaine grandeur ; l'émotion s'en reflétait sur tous les visages. Tous les hommes se découvrirent à l'exception du touriste anglais. Quelques vieilles femmes se signèrent. Des trépignements, des bravos, des vivats éclataient à rompre les poitrines :

« Regardez le prince !

— *Mira el principe!*

— C'est la troisième fois que la république lui confie la charge de Principal.

— Vive Sa Grâce ! Vive la liberté !

— *Splendid!* cria chaleureusement miss Ada, pendant que la douce voix de Camille Verdot gazouillait ceci : « Je ne suis pas fâchée du tout d'être venue. Et toi, maman ? »

— Ciel ! voici ton oncle ! répondit Mme Verdot. »

Le prince traversa lentement la foule sous une pluie de sourires et des gestes de baisers. A peine était-il entré dans l'église qu'un homme de moyenne taille, sans chapeau, maigre et sec, en habit noir et cravate blanche, mais l'air fortement distrait, sortit de la Maison Rouge en caressant sa barbiche grise. On eût, dit à voir ses allures, un frère de l'hoffmannique conseiller Krespel. Il alla donner des ordres, faire des recommandations dans le coin des petites filles. C'était, en effet, M. de Saint-Loup, le maître de chapelle du prince et l'organiste de Notre-Dame. Il ne tarda pas à rentrer dans la *Casa*, sans doute pour y reprendre son rang officiel.

« Bon Fernand! dit Mme Verdot. Il a bien vieilli en dix ans. »

Le carillon recommença pour la sortie des autorités turrianes. Marchaient en tête les congrégations, les fillettes, les bannières; puis reparut le Principal, ayant cette fois à sa droite le Chancelier et à sa gauche le Conseiller de justice, — le premier en robe violette, le second en serge noire, mais tous deux coiffés d'une toque de velours grenat galonnée d'argent, avec un minuscule macaron sur le sommet. Derrière les trois premiers magistrats de la république, venaient quatre lauréats de la maîtrise ayant posé sur un brancard, le coffre de fer capitonné de satin blanc qui sert d'écrin à la charte franco-espagnole de 1529, grâce à laquelle la Turrie est libre. La tradition veut que, le jour du Serment, cette charte soit déposée à la Maison Rouge. On ne la sort de sa prison de fer qu'à l'intérieur de l'église; puis, le serment prêté, la charte repliée, le coffre est transporté au palais du Principal, qui seul en possède la clé. Le peuple turrian attache une grande importance morale à la stricte observation de tous ces usages, car il voit dans le vénérable parchemin son véritable palladium. Il en est de même à Andorre.

Dès que le Conseil des Notables parut, la foule salua de nouveau. Ils ont, comme insignes distinctifs, une longue cape de grosse futaine, couleur café au lait, assez semblable au drap d'*Azaï* des Provençaux, et la plus extraordinaire coiffure du monde chrétien. Ce couvre-chef miraculeux, ce chef-d'œuvre de chapellerie rustique est fait d'une matière dure. Il tient à la fois de l'énorme chapeau en barque de Basile et du large feutre gris des mousquetaires de Louis XIII. Grâce aux ressources d'un art patient et laborieux, de prodigieuses combinaisons d'équilibre et d'harmonie pittoresques, il greffe encore le tricorne des anciens gardes-françaises sur le *caspel* auvergnat des fromagers de Saint-Nectaire. Le tout sans blesser l'œil, effrayer les enfants, porter ombrage au bétail du pays, ni incommoder en apparence l'heureux possesseur de l'ustensile. Et peut-être même qu'on trouverait sans effort, au moindre de ces chapeaux, une éloquence, une majesté et des grâces inconnues à la coiffure de nos forts de la Halle. Ah! il ne faut point redouter de le dire : le génie humain sera bien peu de chose quand le secret d'aussi audacieuses constructions sera perdu!

Les cinq Conseils locaux, c'est-à-dire en tout quinze individus, ou pour mieux parler les petites magistratures, venaient après, chacune précédée de son *baile*. Les conseillers locaux proprement dits n'ont d'autre marque de leur pouvoir qu'un béret de feutre foulé, dont la couleur varie avec celle du *plant* : bleu foncé pour Troys-la-Tour, jonquille pour Valence-de-Turrie, bleu de ciel pour Langaragga, gris de fer pour Zacapétéquès et, pour Torquamadur, le simple jaune orange. Les bailes portaient ce béret, mais ils avaient en plus une demi-cape de drap marron. Enfin, le cortège se fermait par les rares salariés de l'Etat qui avaient pu quitter sans inconvénient leur poste : deux ou trois douaniers, les appariteurs de police, le greffier de justice, l'archiviste et, marchant le dernier de tous, humble comme un toutou, José Tantarrigo, le « chauffe-cire » du Chancelier. Et, comme si le rang qu'il occupait dans le cortège ne témoignait pas déjà d'une humilité suffisante, la nature, afin de bien marquer le néant de ce fonctionnaire, l'avait encore affligé d'une disgrâce physique : le chauffe-cire était bancal.

A peine le cortège fut-il entré dans l'église, flamboyante de cierges et de bougies, que la foule s'y engouffra à son tour. Le *Te Deum* commença. Don Fernand de Saint-Loup fit savamment gémir les orgues. A de rares arrêts, les fillettes entonnaient quelque cantique vieux-turrian, tout débordant de grâce et de naïveté. Ces voix enfantines ajoutaient à la cérémonie un caractère vraiment adorable. Immédiatement après le *Cantate Dominum*, de Haëndel, habilement exécuté par les jeunes gens de la maîtrise, le suisse alla quérir le Principal dans sa stalle, et le conduisit devant un carreau de velours noir. Don Maxence de Portencohèdre s'agenouilla. Un chœur d'hommes, des pâtres pour la plupart, aux voix rudes mais bien timbrées, chantait avec force ce cantique provençal, qui s'est refugié, on ne sait trop comment, dans la Turrie :

O reï dè glori,
Vostre bounta
Nous a charma,
Reï de glori !

(O roi de gloire, — Votre bonté — Nous a. charmés, — Roi de gloire !)

L'instant solennel arriva. L'archidiacre déploya majuestueusement la charte. Des têtes curieuses, oscillant dans l'assistance, les yeux fixés sur le parchemin, tâchaient d'apercevoir les deux signatures *Françoys* et *Carlos*, qui y sont apposées. Mais, en dehors des notabilités rangées en cercle autour du Principal, les plus favorisés ne virent que trente ou quarante lignes de grosse écriture gothique.

Cependant le prêtre avait donné lecture de la formule du serment. Debout et face au maître-autel, le Principal levait la main droite et répétait après l'archidiacre :

« Au nom de l'honneur et de la gloire du peuple français ;

« Au nom de la loyauté du roi des Espagnes ;

« Pour le bonheur et la grandeur du peuple turrian ;

« Moi, don Maxence-Enguerrand Latapie, prince de Portencohèdre, gentilhomme français, élu par le peuple *Principal de la république de Turrie* ;

« Je jure sur mon honneur, » etc., etc.

La grande voix de l'orgue appuya d'une puissante modulation le serment du Principal ; puis on entendit retentir le *repons* de l'archidiacre : « Et moi, mon prince, disait le prêtre, je reçois votre solennel serment, au nom de tous ceux, » etc., etc.

... Quelques heures après, Camille Verdot et sa mère dormaient profondément dans leur nouveau domicile. A deux pas du seul *mirador* que possédât la rue des Morisques, la jeune fille rêvait déjà qu'on célébrait ses fiançailles avec un gentilhomme turrian vêtu d'une cape café au lait.

IV

Les mœurs espagnoles, la civilisation française, — c'est toute la Turrie.

Les traits distinctifs du caractère des Turrians sont l'amour de la liberté, — malgré les tendances aristocratiques de leur constitution, — et la tolérance religieuse, peut-être à cause de leur catholicisme si pompeux et si brillant. Le carlisme, qui passe pour avoir une organisation occulte le long de la frontière, est exécré des habitants de la Turrie. Le bon abbé Vertot les rattache carrément aux antiques *Turoni*, les fondateurs de Tours. Cela n'est pas impossible. A proprement parler, la Turrie est en petit ce que l'Autriche est en grand, c'est-à-dire une expression politique et non nationale. Le véritable fond de la race est de souche béarnaise ou gallo-franque. Le reste est un mélange de plusieurs nationalités : Aquitains de Novempopulanie, Maugrabins, Navarrais et Basques espagnols.

Comment l'idée de la liberté germa-t-elle dans le cerveau de ces quelques centaines de pastours, jusque-là foulés par le palefroi des monarques aragonais? On ne saurait le dire. Ce n'est plus ici le cas d'Andorre, dont le régime est parfaitement réglé depuis 1278, et qui avait eu, comme entrée de jeu, le puissant parrainage de Charlemagne. Mais on peut dire que, grâce à la bizarrerie du sol, sa physionomie géographique toute particulière, l'énergie de ses habitants, ce coin de pays, — terreau merveilleux jeté sur la masse rocailleuse des Pyrénées, — se dégagea lentement, mais solidement, de la tutelle castillane ou aragonaise. Plus de la moitié des Turrians : bergers, bûcherons, métayers, sont des nobles de très vieille origine.

Le coup de main de Lesparre sur la Navarre espagnole, en 1521, encouragea leur esprit indépendant. Huit ans de luttes courageuses, d'autonomie farouche, appelaient sur eux l'attention du roi de France, pendant que l'Espagne perdait l'habitude de les considérer comme ses enfants. La république de Turrie est née d'une méfiance réciproque de Charles-Quint et de François I*er*. Le premier la considérait comme un lansquenet mis par la nature en faction sur la frontière française ; mais pour le roi-chevalier la Turrie était un grenier merveilleux et une cachette à soldats. Il comptait bien y dissimuler quelque troupe dirigée contre son ombrageux et remuant voisin. Telle est l'origine de la charte de 1529, par laquelle les deux parties contractantes — France et Espagne — s'engageaient à ne pas manger le gâteau. La même année, au traité de Cambrai, quand Louise de Savoie et Marguerite d'Autriche conclurent ce que nos Hérodotes d'université nomment la *Paix des dames*, la Turrie fut définitivement reconnue pour un Etat libre. François I*er* donna le titre héréditaire de prince et des armoiries au premier magistrat de la république, Juste Latapie de Portencohèdre, jusque-là simple gentilhomme, le reçut à Fontainebleau et l'appela publiquement « mon compère ». Il maria même la fille de son nouvel ami à un duc et pair. De son côté, Charles-Quint, pour n'être pas en reste, dotait l'église de Troys-la-Tour, capitale du pays, et obtenait de Rome le titre d'archidiacre pour le curé de cette paroisse.

En ces délicates circonstances s'affirmèrent la haute valeur morale, l'esprit politique de la branche aînée des Portencohèdre ; et c'est vraisemblablement la raison pour laquelle le *principalat* n'est jamais sorti de cette famille.

Cependant les Turrians continuèrent à trembler pour leur liberté jusqu'à l'avènement de Henri IV, qu'ils nomment aussi *lou noust Enric*. Enfin, l'établissement d'une dynastie française en Espagne, en la personne de Philippe V, les rassura tout à fait. Depuis lors il n'y eut plus que des prises d'armes sans suite tragique. Une des plus émouvantes fut celle d'octobre 1808, quand Napoléon lui-même marcha sur Madrid. Ce jour-là, toutes les femmes, jeunes ou vieilles, nobles ou roturières, fondirent des balles dans les cinq *plants* (villages turrians) ; tout ce qui put porter l'espingole ou la pique alla garder les deux *ports* (entrées) espagnols, la *brèche* de Valence et les autres défilés accessibles. On vit surgir de partout des *navajas*, on aiguisa la pointe ferrée des *maquillas*.

« Tous ces pâtres, observa l'empereur, avec

leurs larges épaules, leurs jarrets d'acier, seraient d'excellente infanterie pour une guerre de montagne. Sans compter un beau canton de plus pour les Hautes-Pyrénées.

— Sire, répondit Gouvion-Saint-Cyr, j'ignore s'ils ont une charte de liberté comme leurs *bailes* le prétendent. Mais je les crois fort capables de déserter et de tomber ensuite sur nos convois...

— Eh bien! dit Napoléon, qu'ils me donnent chaque année leurs dix meilleurs tireurs pour ma jeune garde, et qu'on les laisse tranquilles. »

La Turrie obéit, heureuse de s'en tirer à si bon compte. Tout de suite, la noblesse donna l'exemple. Le principal alors en charge, don Diègue-Raymond, donna les trois plus jeunes de ses six fils: le vicomte, le baron et le chevalier de Portencohèdre. Deux Bosquières, un Zacapétéquès et quatre autres Turrians tirés au sort, — deux fils de citadins, deux fils de paysans, — complétèrent le tribut. Cet impôt du sang fut payé pendant sept douloureuses années (un gentilhomme turrian, capitaine aux tirailleurs de la garde, fut tué à Waterloo). Enfin, en 1816, la France l'abolit. Mais les Turrians avaient trouvé dans cette abolition, ce retour à la liberté absolue, un légitime prétexte à la création d'une douane. C'est là, d'ailleurs, le seul accroc qu'ait subi la charte des deux rois rivaux. Les nobles, dans les fermes et les métairies, en pleuraient de rage. Et depuis leur rédemption, avec un admirable esprit de suite, une finesse toute diplomatique, ceux qui ont passé par les grandes fonctions se sont appliqués à tenir la balance égale entre la France et l'Espagne. Cette dernière n'exerce qu'un contrôle purement spirituel, l'archidiaconat de Turrie relevant de l'archevêché de Saragosse. Pour la France, moyennant une somme de deux cents francs, versés le premier janvier de chaque année entre les mains du sous-préfet d'Argelès, elle a mis sous la protection de ses consuls les rares citoyens turrians absents de leur patrie. Mais cet argent n'a point le caractère de tribut, n'implique aucune suzeraineté de la part du pays qui le perçoit. Il figure aux recettes de la trésorerie générale de Tarbes et du département des Affaires étrangères, à Paris, sous la désignation de « fonds d'abonnement de la république de Turrie ». De tout temps, l'administration française a eu le secret de ces formules subtiles, de ces rubriques raffinées par lesquelles s'écoule tout ce qu'un chef de bureau a de génie. Cela peint un peuple.

L'Espagne, de son côté, touche une redevance annuelle de 80 escudos, — soit deux cents francs, — en monnaie d'or. C'est la part contributive des cinq églises dans la dotation des hôpitaux diocésains. La somme est remise à l'archevêque, à l'issue des cérémonies de la confirmation. Quoique formant un archidiaconat depuis 1532, la Turrie ne compte qu'une paroisse, celle de Troys-la-Tour, et quatre succursales. En dehors de Troys, l'usage accorde au seul recteur de Torquamadur le titre de curé. Tout ce clergé est appointé, logé aux frais de la république et institué canoniquement par le métropolitain de Saragosse. Le poste d'archidiacre de Notre Dame de Troys est fort convoité des prêtres espagnols; *la place est bonne.* On y envoie généralement les protégés du nonce de Madrid ou le famélique cousin de quelque duchesse. La seule condition est d'être noble; mais on est sûr de décrocher une prélature après quelques années d'exercice. Le titulaire actuel, don Francisque Medullar y Castro —

un nom prédestiné — a conquis là un joyeux embonpoint, de belles couleurs rosées, qu'il doit surtout aux invitations du château. Le principal ne saurait se passer de cet aimable homme; et son grand plaisir consiste à le quereller, à table, sur la décadence littéraire de l'Espagne depuis le grand Calderon. Un jeune vicaire, don Émile, est attaché à la paroisse de Troys. Le prince l'emploie quelquefois comme secrétaire. Dona Blanche de Portencohèdre, nièce du prince, avait commencé à prendre de lui des leçons de latin. Elle y a renoncé pour suivre à la chasse son cousin don Henri et son oncle don Maxence. On dit que don Émile est un filleul de la feue princesse de Portencohèdre. M. de Saint-Loup en a fait un organiste de talent.

Toutes les magistratures turrianes sont données à l'élection, tous les trois ans, et peuvent être indéfiniment renouvelées jusqu'à soixante-quatre ans, âge auquel on ne porte plus les armes. Par exception, le principalat peut être conféré jusqu'à soixante-quinze ans, et l'on cite un Portencohèdre qui l'a obtenu douze fois.

Le principal incarne en lui le pouvoir exécutif. Il est responsable, aux yeux de la république, de l'indépendance, de l'intégralité et de la *neutralité* du territoire turrian. Il assure l'ordre public et possède seul le sceau de l'Etat. En temps d'invasion, — on n'ose jamais dire : en temps de guerre, — il commande la milice. Il est, en Turrie, l'unique correspondant des nations étrangères, s'il y a lieu de correspondre. Il nomme aux emplois publics, et assiste ordinairement aux délibérations de la Chambre des notables. On l'appelle *Votre Grâce*, antique usage dont il sourit, et ses décisions personnelles se nomment des « ordonnances ».

La tradition veut que le principal soit pris dans la noblesse et qu'il ait au moins quarante ans. Il en est de même pour le chancelier et le conseiller de justice. Comme eux le principal est élu par les notables, au scrutin secret et pour trois ans. Le conseiller de justice paraît représenter plus spécialement la classe moyenne ou citadine, dont il émane au mépris de la tradition. Il juge en première instance tous les procès, de quelque nature qu'ils soient. C'est une vérité banale de dire que les mœurs turrianes sont dignes de la pureté des temps antiques. Malgré la terrible peine édictée contre les voleurs, le pays ne possède point d'exécuteur des hautes-œuvres ; et l'on n'a pas souvenance qu'une décapitation y ait jamais eu lieu. Le citoyen qui demanderait la place de bourreau serait immédiatement assommé par la population. C'est dire que la propriété est respectée en Turrie, autant que la vie humaine. Les rares personnes punies d'emprisonnement sont livrées à la gendarmerie française, qui les met en pension payante — c'est le mot — dans la maison d'arrêt d'Argelès. Il en résulte une bien légère charge pour le budget de la république, car la seule peine appliquée depuis de longues années est la journée de travail. Le bris d'une clôture, le glanage non autorisé, la dégradation d'un rosier ou le meurtre d'un sycomore, une plainte mal fondée contre son *baïle* ou maire, il n'en faut pas davantage pour figurer au *cordon des alouettes*. C'est le nom pittoresque des délinquants. Le garde=mayor les occupe à l'empierrement des routes, aux coupes dans les forêts de l'État, au fagotage. Autrefois, quand l'ouvrage manquait, on les menait à l'église réciter des prières pour les âmes du Purgatoire. Le premier soin de Maxence de Portencohèdre, lors de son entrée au principalat, fut de supprimer cette coutume comme portant atteinte à la liberté de conscience. En réalité, sa grande peur était qu'on ne rendît ridicule la religion qui a ses préférences, celles de sa famille et de ses amis.

Les crimes contre les personnes et les propriétés, l'infidélité des fonctionnaires électifs ou salariés, les appels contre les arrêts du conseiller de justice sont portés devant une haute cour composée du principal, du chancelier et du doyen des notables. Auprès de cette juridiction suprême, le conseiller se change en représentant du ministère public. La haute cour n'a pas siégé depuis dix ans au moins. Par une anomalie plus logique qu'elle ne le paraît, le conseiller de justice a la surveillance et la direction supérieure des cinq écoles du pays, lesquelles sont exclusivement fréquentées par les enfants de laboureurs et d'ouvriers. Noblesse et bourgeoisie envoient leur progéniture en France. C'est ainsi que le jeune duc, autrefois comte, Henri de Portencohèdre, a fait successivement son droit à Toulouse et sa médecine à Montpellier. Admirable simplicité d'une maison qui n'a cessé de se dévouer au prochain depuis cinq siècles!

A trente ans passés, malgré sa grande fortune, sa passion pour la chasse, don Henri est le médecin en chef, gratuit, cela va sans dire, de l'hôpital et de l'hospice. Ce fils de soldats a fait de merveilleuses cures et écrit des ouvrages de premier ordre. L'hôpital, d'ailleurs, vit uniquement des dons du principal actuel. Le chancelier, chargé de la préparation du budget, a les travaux publics, les douanes et le domaine forestier dans ses attributions. Mais le principal, seul, ordonnance les paiements.

Tel est le pouvoir exécutif. Quant aux lois, elles émanent de la Chambre des notables, — onze membres choisis parmi les conseillers locaux et les baïles sortis de charge et âgés d'au moins trente ans. Chaque *plant*, ou village, forme un collège électoral. Troys élit trois notables, au lieu de deux, grâce à sa population et à son rôle de capitale. Il y a autant de sessions qu'en comportent les affaires. Chacune d'elles s'ouvre par un plantureux repas, que les notables s'offrent en commun, au premier étage de la *Gobernacion*. Pour bien marquer la subordination des autorités publiques au pouvoir législatif, le principal est tenu de venir verser le premier verre de vin au doyen de l'Assemblée et d'y tremper ses lèvres après lui, puis il se retire silencieusement. Mais cet acte d'une déférence un peu excessive n'a lieu qu'à chaque renouvellement intégral des notables. Toutes les conditions sociales, tous les rangs se coudoient dans la Chambre. Des bergers, des valets de charrue en font partie. Il n'est pas rare, les jours de séance, c'est-à-dire les jours de marché, de voir errer sous les fenêtres de la Maison-Rouge une paire de bœufs, un troupeau de porcs dont le gardien prononce peut-être là-haut quelque philippique rurale contre la modicité des droits payés par les jambons de l'Estramadure, ou interpelle le chancelier sur le mauvais entretien des *aldéas*, qui sont les fermes de l'État turrian.

On sait que la Turrie se divise en cinq *plants* ayant chacun à peu près l'importance d'une de nos communes. C'est ce que les Andorrans nomment des *paroisses*. Pourvu qu'il ait vingt ans révolus, tout citoyen possède le droit de suffrage. Il s'en sert pour désigner trois conseillers locaux, dont le plus âgé est proclamé *baïle*, c'est-à-dire administrateur du plant. Tous les pouvoirs municipaux sont concentrés entre les mains du baîle, qui devient capitaine de milice en temps de prise d'armes. Troys excepté, les chefs-lieux de plant n'ont point de maisons de ville; aussi les registres de l'état-civil sont-ils déposés au domicile du baîle, que ce domicile soit opulente villa, modeste métairie ou simple cabane. Le baîle perçoit l'impôt, et sert de juge de paix quand la valeur du litige n'atteint pas 30 pesetas d'argent espagnol, ou 27 francs en monnaie française. Au-dessus de cette somme, le conseiller de justice prononce. De plus, comme nos maires français, le baîle est officier de police judiciaire. Mais il ne peut engager les intérêts particuliers du plant sans l'assentiment des conseillers locaux.

Les quatre mille habitants de la Turrie travaillent du matin au soir, servis par un territoire merveilleux. La misère est inconnue dans ce pays de cocagne auquel l'Annuaire Didot-Bottin et le *Baedeker* consacrent à peine quelques lignes dédaigneuses. Troys-la-Tour prépare supérieurement les cuirs depuis l'occupation romaine, extrait le fer, fabrique de la futaine, met en barils d'énormes et succulentes olives vertes, que Langaragga écrase sous ses pressoirs. Cette huile estimée ne se consomme guère qu'en Espagne. En revanche, le beurre du pays est exécrable. Zacapétéquès a des vignobles renommés, qui donnent un vin liquoreux célébré par les connaisseurs à l'égal du montilla et du valdepenas. Torquamadur s'enrichit par l'élève du bétail. On y fait aussi du *confit* de pintade, des pâtés de lièvre et de perdreau ; car la volaille et le gibier abondent, depuis la caille jusqu'au ptarmigan. A Valence revient la palme pour le peignage des laines brutes. Partout il y a des fleurs et du blé, des roses et des grenades, des framboises et des figues, — sans compter les truites de la Laudette, les carpes exquises des étangs. Heureux pays ! et comme on comprend bien qu'il n'ait pas voulu se donner un maître. Comme on s'explique son habileté politique, sa profonde sagesse, sa mordante logique dans ses rares relations avec ses deux grands voisins, qui croient être ses protecteurs ! A l'Espagne, volontiers dévote, mais indolente, les choses spirituelles ; à la France, sceptique, mais paperassière, la répression des délits graves, la protection des expatriés. Et comme résultat, le beau rêve dont brûlait Tacite : la liberté !

Le malheur du citoyen turrian, — malheur supportable, il est vrai, — c'est l'exiguïté du sol où il vit. La vallée a vingt-quatre kilomètres de long, en moyenne, sur douze ou treize de large, — ce qui interdit aux quatre châtelains du pays toute espèce de chasse à courre, contrarie les rêves agricoles du paysan, entrave le développement de l'industrie. Sans la grande chaîne pyrénéenne qui l'enserre comme d'un corselet de granit, la Turrie serait une seconde Limagne, plus fertile que la première. Les vieux laboureurs prétendent que fruits et vignobles gagneraient en qualité, si la nature leur eût accordé quelques arpents de terreau de plus. Il y a un proverbe navarrais qui met à nu cette douleur secrète : *Cuando un turrian hace tortilla, el mango de la sarten está en España.* Ce qui signifie que « quand un Turrian fait une omelette, la queue de la poêle est en Espagne. »

Pourtant, ils l'aiment, leur patrie, Dieu sait de quel amour farouche! et dans les jours de péril, ils ont su la défendre. Les carlistes, qu'ils détestent comme les Corses détestent les Génois, en savent quelque chose. Quoique depuis 1873, il n'y ait plus eu de sonneries de trompe dans la plaine et les monts pour appeler aux armes, tous les dimanches les jeunes gens s'exercent au tir. En ces dernières années, la république a emprunté à la France, pour l'instruction de sa milice, un brigadier de gendarmerie que l'on rencontre fumant sa pipe dans les villages, une fois l'école de peloton montrée. De seize à soixante-quatre ans, tout le monde est soldat. Point d'uniforme : un simple béret rouge, dont on se coiffe à la hâte, quand le tambour passe devant les maisons. Comme partisans, cette milice a donné des preuves de courage. Les miquelets de don Carlos savent combien sont pointues les balles des porchers de Torquamadur ! L'an dernier, la France a écoulé là quelques centaines de chassepots, que les bergers de M. de Portencohèdre sont très fiers d'exhiber à l'exercice. La gloire des armuriers a ses degrés. Les Turrians admirent en ce moment l'invention de Chassepot, comme la province admire les vieux mélos dont les Parisiens ne veulent plus.

L'antique espingole a donc disparu des montagnes, comme aussi la langue primitive du pays, le *vieux-turrian*, — langue originale, savoureuse, sonore, où les mots basques résonnaient comme des tambours plats, où l'arabe hurlait sa fanfare stridente et gutturale, où le cuivre du provençal éclatait, de-ci de-là, tel un pétard mal éteint. Le tout convenablement frotté d'ail et baigné d'huile. Combien peu la parlent aujourd'hui, cette langue alerte et pittoresque, qui peu à peu eut raison de l'espagnol mais a dû reculer devant le français, maintenant en usage presque partout! On les cite comme des savants, on les tient pour des gens d'une autre époque. Il reste du vieux-turrian des lambeaux superbes : mélodies douces et piquantes, romances passionnées, que d'amoureux porteurs de guitare font vibrer, la nuit, sous les étoiles, à trois pas du *mirador*, où se dissimule, en rougissant de plaisir, le charmant minois de leurs rêves. En dehors de cet emploi fréquent et tout spécial, le vieux-turrian n'est plus que délicatesse de lettré, curiosité de grammairien, — ce que nous nommons à Paris un goût d'artiste. Mendès-Léal assure même que la chaire des langues romanes de Munich ne lui accorde plus la moindre attention.

Depuis trente ans, le français a détrôné l'espagnol comme langue officielle et base de la pédagogie. Tous les actes publics sont rédigés en français ; toutefois, comme les gens de Langaragga parlent encore presque tous le pur castillan, le cadre grillagé de la Maison-Rouge contient une case spéciale où l'on insère la traduction espagnole des ordonnances. En 1870, quand éclata la guerre entre la France et l'Allemagne, l'homme d'esprit qui gouvernait la petite république, l'oncle de Maxence, eut un mot charmant : « Enfants, dit-il à ses deux fils, formez une compagnie franche. Il faut aller défendre votre maîtresse de pension. » Ces Turrians étaient à Coulmiers. Ils y laissèrent leur lieutenant, le tout jeune marquis Pierre de Portencohèdre, tué d'une balle au front à l'attaque d'un moulin. Ce même jour, 9 novembre, dona Blanche venait au monde : particularité saisissante, et qui apaisa la douleur du prince et de sa femme. Élevée à Paris, musicienne de premier ordre, c'est dona Blanche qui décida le prince à attacher un maître de chapelle au château et à Notre-Dame de Troys (1).

(1) Les Espagnols écrivent Puertan y Coyèdre, mais cette famille est bien française, à preuve sa devise, d'après D'Hozier : *Porte encore aide!*

V

Le lendemain du *serment*, Fernand de Saint-Loup eut une grande conversation avec sa sœur. Mme Verdot lui raconta par suite de quelles douloureuses épreuves elle se voyait dans l'obligation de réclamer de lui l'hospitalité. Le maître de musique, nature affectueuse et généreuse, l'embrassa tendrement.

« Comment donc, ma bonne Pauline, dit-il, Camille et toi vous ne me quitterez plus... Nous verrons à nous occuper de marier l'enfant... Mon Dieu, ce n'est pas impossible, loin de là, jolie et douce comme elle est. — Hé ! hé ! reprit-il, le jeune notaire de Troys est encore garçon. Nous avons aussi le médecin qui dirige l'hôpital en sous-ordre... Ma place me rapporte dix mille francs, plus cette maison commode, dans laquelle ma nièce ne se déplaira pas trop, j'espère. J'ai quelques sous de côté ; ce sera sa dot...

— Comme tu es bon, cher Fernand ! dit la veuve.

— Ah ! ce chenapan de Verdot, hurla l'organiste. Je te l'avais bien prédit, ma chère sœur, qu'il finirait mal... Ton mari n'aimait pas les arts, le malheureux ! C'est pourquoi je n'assistai point à ton mariage. Cet homme avait dans l'œil quelque chose de diabolique... Enfin, je vais tâcher de vous consoler de mon mieux, toutes les deux, et de vous faire oublier le passé.

— Brave cœur ! »

Et la veuve sauta au cou de son frère, qui essuyait furtivement une larme.

Au même instant, Camille entra. La jeune fille venait d'essayer une robe neuve, de nuance claire, achetée à Paris, la veille du départ, grâce aux libéralités de l'oncle Fernand. Malgré l'ai souriant, que prirent à sa vue le frère et la sœur, ils ne purent lui donner le change.

« On pleure par ici, dit Camille... Je parie que maman a commencé... Elle a dû te raconter quelque histoire, n'est-ce pas, bon oncle ? »

Mais, presque aussitôt, le sang affluait à son cœur. Malgré la fermeté de sa voix, ses allures courageuses, Camille poussa un soupir et fondit en larmes. Elle alla se jeter dans les bras de sa mère. Tous trois, alors, donnèrent un libre épanchement à leurs chagrins familiaux. Le premier qui retrouva un peu de calme fut l'organiste.

« Allons, dit-il, du courage... Et pour commencer, Camille, je te fais cadeau d'une femme de chambre. La vie n'est pas chère en Turrie ; nous pouvons nous donner le luxe de deux domestiques. Il faut monter notre maison, ma chère... D'ailleurs, tu es à marier... — Ne l'oublie pas ! ajouta-t-il candidement. Appelle Estefania ; j'ai des ordres à lui donner. »

Dès que Camille eut disparu, Mme Verdot dit à son frère :

« Mon cher Fernand, je crois que ton bon cœur se fait illusion sur l'avenir de ma fille. Camille n'aura peut-être pas de chance... tout comme moi.

— Crois-tu ? vraiment ? » fit naïvement le musicien.

C'était une nature simple et profondément loyale, une âme enthousiaste que le démon de la musique avait saisie pour ainsi dire au berceau. Harmoniste excellent, mais mélodiste discutable, il avait eu pendant quelques mois l'orgue de la cathédrale de Nevers, ne put briller dans cette place, et courut Paris, les poches pleines de valses et de polkas invendables. Il connut la bohème et ses rudes douleurs. Pendant dix ans, on le vit colporter partout un opéra fantastique, un *Charlemagne*, dont il avait bâclé lui-même le poème : cinq actes et douze tableaux, des processions et des fantômes, des chevaliers et des ondines, des captives pleurant leur patrie et des Northmans vêtus de fer... sans oublier le grand ballet de rigueur. OEuvre mal venue, étrange, mais originale, où l'anachronisme dansait une sarabande effrénée, où la passion des rudes Gallo-Francs finissait en amourette de fermiers-généraux Louis XV... Mais sur cette partition passait un grand souffle d'art, un noble enthousiasme religieux et patriotique. Au troisième acte, la Lune, personnage allégorique, chantait un duo avec Eginhard. Saint-Loup avait mis là toute son imagination, toute sa flamme. Aucun directeur ne consentit à jouer ce maëlstrom lyrique. Le compositeur en détacha quelques airs, qu'il transcrivit pour piano et livra aux éditeurs contre un morceau de pain. Sa veine tarie, ses illusions théâtrales tombées, Fernand donna des leçons au cachet, dans des pensionnats demi-nobles, demi-bourgeois. Enfin, une vieille dévote recommanda « M. de Saint-Loup, fils du grand médecin du Morvan, » à la nonciature. L'auteur du *Charlemagne* partit pour Rome, inspecta vaguement je ne sais quel enseignement vocal fondé par une éminence, se jeta, la tête en feu, dans la musique religieuse. Il écouta les grandes voix, puissantes et mystiques, des orgues. Ses nerfs frémirent de plaisir à leurs sonorités ultra-terrestres, passant d'Haëndel à Pergolèse et de Mozart à Jean-Sébastien Bach. A ce jeu, Saint-Loup devint un exécutant plein de vigueur et de souplesse, et quand M. de Portencohedre fit cadeau d'un maître de chapelle à sa paroisse, le vieux Fernand eut la place, grâce à l'intervention d'un chapeau rouge qui le protégeait.

Au physique, c'était un homme aux cheveux d'un blanc jaunâtre, aux longues moustaches grises, méphistophéliquement tordues, aux yeux d'un bleu vague et distrait, des yeux étonnants de résignation et de [quiétude.

« Maestro, lui disait quelquefois don Maxence, vous avez les yeux d'un saint qui fait son stage. » Ces yeux contrebalançaient l'amertume de la bouche et ce qu'il y avait d'hoffmanique dans la barbiche. La face, blafarde et parcheminée par places, dénotait une effrayante nervosité. Le corps, maigre et souffreteux, la candeur de la voix, le nez émacié et chaste voulaient dire une flamme qui brûle en dedans. Parfois, quand l'organiste marchait, ses rotules craquaient comme celles du roi Pierre le Cruel. Son éternel habit noir semblait peser lourdement sur ses épaules ; et dans un pantalon trop collant, ses pauvres tibias, en allant et venant, lui donnaient les allures grêles d'un faucheux.

Une fois en règle avec l'archidiacre et la maîtrise, et s'il ne dînait point au château, M. de Saint-Loup s'enfermait après son repas dans une sorte de colombier, formant le troisième étage de sa maison de la rue des Morisques. Il passait là de longues heures dans la familiarité des maîtres. Le réduit, meublé d'un piano, d'un clavecin, de deux chaises, convenait bien aux méditations d'un abstracteur de quintessence musicale. Dans un coin traînaient toutes sortes de bouquins rébarbatifs, qui arrachèrent une moue dédaigneuse à Camille, la première fois qu'elle entra là. C'étaient la *Théorie du contrepoint et de la fugue*, la *Parémiologie musicale*, du strasbourgeois Jean-Georges Kastner, le tout couronné d'un amas de partitions vénérables, — Lulli à côté de Monteverde, le recueil des *Noëls* provençaux de Saboly entre Rameau et Paësiello. Deux grands in-quarto, le *Traité de composition* de Reicha, annonçaient que le maître du lieu n'avait pas tout à fait rompu avec les errements de sa jeunesse. Depuis quelques mois, en effet, le vicaire don Emile avait secrètement remis à l'organiste le livret d'un oratorio biblique : *La Fille de Jephté*. Que peut faire de mieux un jeune prêtre de campagne, lettré et gentilhomme, si ce n'est de pondre au moins un libretto ? Un peu surmené par les orgues, Saint-Loup travaillait son oratorio à petits coups. Mais par-dessus tout il se replongeait dans le commerce de ses compositeurs préférés. Son idéal était de mettre au jour une nouvelle forme de drame lyrique, — quelque chose tenant le milieu entre le *Joseph* de Méhul et le *Dernier roi de Juda* de Kastner. De la modernité, une pointe de chorégraphie, — une œuvre exécutable enfin !

Un matin, comme il étudiait patiemment le ballet de *Dardanus*, du « divin Rameau », on frappa doucement à la porte du colombier.

« Au diable le profane ! » s'écria l'artiste qui alla ouvrir en dissimulant mal sa mauvaise humeur.

C'était Camille.

Elle entra en battant des mains.

« Mon cher oncle, venez vite que je vous embrasse ! Je suis enchantée, ravie, subjuguée par votre cadeau...

— Quel cadeau ? grommela Fernand.

— Ne faites pas l'étonné, mon bon oncle... Vous savez bien... Eulalie, la fille de notre vieille Estefania, ma femme de chambre enfin ?...

— Eulalie... Eh bien ?

— Eh bien ! dit Camille en appuyant sur les mots, elle vient d'arriver de son village ; elle est en bas avec maman... Vous la verrez tantôt... Elle a l'air doux comme un agneau ; bref, c'est un petit ange, cette camériste.

— Je le crois, ô ma tendre nièce ! » gémit l'excellent homme.

Camille, ayant fermé la porte, allait et venait dans le buen-retiro. Nu-tête, de belles couleurs aux joues, tout à fait de bonne humeur, elle faisait parfois claquer les talons de ses bottines... Évidemment ses confidences n'étaient point terminées.

Tout à coup, sournoisement, avec une espièglerie de pensionnaire, elle s'approcha de son oncle.

« Savez-vous ce qui arrive ? lui dit-elle à l'oreille. Vous êtes là, vous, bien tranquille, avec votre clé de *fa*... votre clé de *sol*...

— Permettez, permettez, ma nièce. Mon art...

— Pendant ce temps-là, il m'arrive, à moi, des aventures. Nous n'avons pas huit jours de présence dans votre Turrie, et déjà...

— Déjà quoi ? dit Fernand, intrigué.

— Oh ! je vais tout vous dire... tout, tout, tout ! Tout à l'heure, à peine venais-je de quitter Eulalie que j'ai eu l'idée de me mettre au balcon, au mirador, veux-je dire, de ma chambre à coucher, histoire de voir les passants, peu nombreux à la vérité car il n'est passé que deux hommes dans notre rue.

— Troys est calme, observa Fernand. Treize cents habitants, et encore les battues aux cailles viennent de commencer. Le prince et son fils doivent être partis pour Sept-Cabres, depuis avant-hier. Tu comprends, cela déplace du monde.

— Je regardais donc toute joyeuse, en attendant l'heure de venir vous annoncer le déjeuner, lorsque tout d'un coup j'entends une galopade... et par le tournant débouchent deux cavaliers, à vingt pas l'un de l'autre. Le dernier, en habit de chasse vert, devait être quelque piqueur.

— Habit vert, couleur d'espérance, couleur aussi de la livrée de Sa Grâce... Quelle entrée ! quel cadre pour une romance genre Laurent de Rillé : *Deux cavaliers passèrent*..

— Chut ! mon oncle... Il n'y a pas de grâce qui tienne...

— Au fait, chut ! ma nièce... Tu contes aussi bien que le bonhomme Galland.

— ... Mais le premier de ces hommes montait un cheval noir d'une rare beauté, enfin, un cheval comme *Gladiateur*, ou celui du Maréchal, quand on me mena voir la revue passée en l'honneur du shah de Perse... Beau cavalier, belle barbe noire, habit rouge, le cor en sautoir, bottes à l'écuyère, trente ans environ et l'air distingué... Il me salue en levant sa casquette jusqu'aux nues ; je lui rends poliment, mais froidement, son salut... Déjà l'autre l'avait rejoint, quand brusquement le jeune homme rouge revient, plante net son cheval sous le mirador, puis me regarde fixement, avec beaucoup, beaucoup d'attention... trois bonnes minutes d'examen. Je tourne la tête vers le bout de la rue, histoire de lui faire sentir l'incorrection du procédé, mais je vous avoue, mon oncle, que je le guettais du coin de l'œil. Il finit par mettre de nouveau sa casquette à la main, et me dit, d'un ton très poli, excessivement poli, l'accent presque parisien : « Je vous demande mille fois pardon, madame. » Je ne daigne même pas me retourner pour être logique avec moi-même. Je le vois filer comme un éclair, au triple galop... Voilà mon aventure, mon oncle. Je vous avoue que je m'en veux un peu de ma froideur pour ce noble étranger. Mais je ne suis pas fâchée de savoir que la Turrie n'est pas simplement peuplée de laboureurs et de petits boutiquiers. Et puis ma robe me va bien !

— Très bien, fit distraitement l'admirateur de Rameau.

— Ce n'est pas tout, continua Camille avec une certaine pétulance... J'avais sur la tête le béret basque que j'ai acheté à Tarbes, et que je compte mettre, tous les matins, avec ma robe grise, celle que vous préférez...

— C'est vrai, répondit Fernand. Mais comment est-il ton béret?

— Mon Dieu, comme tous les bérets pour femmes qu'on vend dans les Pyrénées, en feutre foulé.

— Oui. Mais quelle couleur?

— En feutre blanc. »

M. de Saint-Loup poussa un cri terrible.

« Malheureuse enfant ! Un béret blanc ! Nous sommes perdus ! »

Et le maître de chapelle, défaillant et livide, privé de souffle et l'œil mi-clos, alla tomber lourdement sur la pile de vieux manuscrits qui constituaient la partie d'orchestre du *Charlemagne*.

VI

Sans perdre la tête, Camille se mit à frapper dans les mains de l'organiste pour le faire revenir à lui, ensuite elle appela au secours par l'escalier du buen-retiro. Presque aussitôt accouraient Mme Verdot et Estefania. La jeune Eulalie ne tarda pas à les rejoindre.

Cependant, comme l'évanouissement prolongé de M de Saint Loup inquiétait quelque peu les femmes, la gouvernante courut chez le pharmacien de la Grand'Place. Quelques gouttes d'élixir rendirent sa connaissance à l'oncle de Camille.

« Un béret blanc ! Elle s'est montrée à la fenêtre avec un béret blanc ! »

Ce fut la seule explication que donna l'organiste pour expliquer sa crise. Pâle comme un linge, l'œil hagard, il eut quelque peine à rassembler ses esprits. Jamais il n'avait vu tant de femmes autour de lui.

« Vraiment, mon oncle, dit Camille, je ne comprends rien à votre terreur. Quel crime ai-je donc commis? Parce qu'un jeune homme en habit rouge m'a vue coiffée d'un béret blanc, on dirait que le ciel va s'écrouler sur nos têtes! Nous sommes donc ici chez les Topinamboux? »

Aux mots de *béret blanc*, la vieille Estefania, qui n'avait pas encore compris, ouvrit un regard plein d'effroi qu'elle dirigea sur Camille. Puis, ayant fait trois fois le signe de la croix et changé ses bagues de place :

« Jésus-Maria! » glapit-elle.

Et elle fixait ses petits yeux pétillants de terreur sur Camille, des yeux affolés, que défendait la broussaille d'une arcade sourcilière toute grise. La bonne Mme Verdot, subitement troublée dans ses rêves de bonheur, larmoyait dans un coin. Aussi chimérique que son frère, elle entrevoyait quelque glaive de Damoclès suspendu sur la petite tribu. Enfin, d'un geste plein de dignité, Fernand congédia les deux servantes et, s'appuyant sur le bras de sa sœur, il descendit en flageolant jusqu'à la salle à manger. Là, séance tenante, on tint une sorte de conseil de famille.

« Malheureuse enfant! hurlait le maître de chapelle en arpentant la pièce à grands pas et en s'arrachant les cheveux. Comment! toi, une Parisienne, intelligente et avisée comme tu l'es, tu n'as pas craint de commettre une telle inconvenance? Mais tu ne sais donc pas, malheureuse, que jamais, depuis que la Turrie est la Turrie, *on n'y a jamais vu de béret blanc!* Tu ne sais donc pas que l'Espagne, le gouvernement de Madrid, nous accuse de protéger les partisans de don Carlos, et Dieu sait s'il se trompe! — Allons, patatras! ajouta-t-il avec un fiévreux haussement d'épaules, tout tombe par terre! Les enfants ne respectent plus les lois... Un béret blanc!... A mon âge, à près de soixante ans, il me faudra courir de nouveau le cachet, car le prince va me chasser comme un chien et il aura raison! »

Il tomba haletant, épuisé, sur une chaise. Ce qu'il avait, c'était une de ces colères froides, d'autant plus terribles qu'elles ne peuvent s'épancher à leur aise. Une colère d'ordre composite. Il était plein de respect pour les traditions et les lois du pays, mais il sentait vaguement que sa nièce avait péché par ignorance. A la fin, sa résolution prise, il se leva, s'épongea le front, puis, jetant devant Camille, atterrée, du papier et une plume :

« Je vais te dicter deux lettres, dit-il. Tombons, puisqu'il le faut, mais au moins tombons avec grâce ! Je me demande où nous irons en sortant d'ici... Il y a bien Londres, Dublin peut-être ; mais la Grande-Bretagne lésine, maintenant, avec les artistes de ma trempe, et d'ailleurs tu n'es pas de taille à crier le houx dans Regent' Street ou Phœnix-Park... Ah ! ma nièce, ma nièce ! »

Alors, après avoir fait trois fois le tour de la table où Camille avait pris place, Fernand dicta lentement ceci :

« A Sa Grâce le prince don Maxence de Portencolièdre, principal de la république de Turrie...

— C'est la formule officielle, » dit-il avec un certain soulagement.

Il reprit non moins lentement :

« Mon prince,

» J'ai l'honneur de remettre entre vos mains

glorieuses ma démission de maître de chapelle de la République et de la paroisse de Notre-Dame de Troys-la-Tour.

» Il va sans dire que, pour n'introduire aucun trouble dans le cérémonial de l'État, les habitudes du culte et les traditions du rite catholique, apostolique et romain, j'attendrai, d'accord avec messire l'archidiacre, que Votre Grâce m'ait fait l'honneur de me donner un successeur.. »

La lettre relue et signée, Fernand contraignit sa nièce à écrire une nouvelle missive. Dans sa pensée, cette seconde lettre s'adressait spécialement à l'ami, à l'homme privé. Dépourvue de tout caractère officiel, elle mettait à nu les douleurs intimes du vieil artiste. Sans risquer la moindre observation, un peu étonnée des suites que prenait son aventure, Camille écrivait maintenant, de sa plus fine *anglaise* :

« A Don Maxence-Enguerrand, prince de Portencohèdre, en son château de Troys-la-Tour, en Turrie.

» Cher et illustre ami,

» Je suis un malheureux tout à fait indigne de votre bonté. Depuis dix ans que j'ai l'honneur de vous connaître, vous vous êtes ingénié à m'accabler d'égards et d'attentions, de services et de prévenances. Non seulement vous m'avez confirmé dans l'emploi que m'avait accordé votre oncle et prédécesseur au principalat, d'illustre mémoire ; mais encore vous avez mis en lumière mon humble talent d'artiste, sans vous douter un seul instant que vous réchauffiez un serpent dans les orgues de la paroisse. Eh bien ! sachez-le, mon prince, je ne mérite que le mépris. Ma nièce, une enfant candide et naïve, une Parisienne de Clignancourt, c'est tout dire, vient de me déshonorer et de déshonorer la République... »

— Pardon, pardon, mon cher oncle ! s'écria Camille, rouge d'indignation, je refuse d'aller plus loin !... Quel crime ai-je donc commis à la fin ? Je ne veux pas en écouter davantage ! Si votre prince se fâche, eh bien ! j'irai le trouver, je lui prouverai que je suis innocente... Il fallait me prévenir ! Pouvais-je deviner qu'en cet étrange pays, les bérets blancs sont frappés d'ostracisme ?

— Alors, répondit Fernand, tu refuses d'achever cette lettre ?

— Je refuse.

— Fernand, dit Mme Verdot, Camille pourrait bien avoir raison. »

Suffoqué par la colère, nerveux et agité, l'organiste refusa de se mettre à table. Il remonta sur le champ à son colombier lyrique, et passa tout l'après-midi en tête à tête avec sa douleur et Rameau. Vers le soir, Estefania, qui adorait son maître, prit sur elle de lui monter une côtelette de chevreuil, son mets préféré, et deux ou trois zestes de betteraves en salade.

« Concevez-vous, Estefania, l'étourderie de cette enfant? Tel que vous me voyez, dans deux jours, trois jours au plus tard, il me faudra prendre la route de Londres ou de Rome... L'exil, Estefania, le cruel exil!... Et moi qui ne peux souffrir ni rumsteack ni macaroni! »

Malgré sa maigreur, sa délicatesse d'estomac, il n'avait pu retenir cette remarque culinaire; car rien n'est terrible pour un vieil artiste comme l'idée de savoir que le pain quotidien va battre en retraite devant lui.

En bas, Camille et sa mère dînèrent, paisiblement servies par la caménriste Eulalie. Cette jeune montagnarde éprouvait déjà une sorte d'idolâtrie pour la nièce de l'organiste.

« Je t'assure que tout cela s'arrangera, ma-

man, disait Camille, j'en ai le pressentiment....
L'oncle Fernand est tellement bon, je devrais
dire tellement chimérique, qu'il s'exagère toujours la portée des choses. — Pas mal, cette
sauce, Eulalie, ajouta l'insouciante jeune fille
en jetant sa cuiller dans un plat de poule au
riz additionné de tomates en purée, l'un des
mets classiques du pays. — Ne dirait-on pas
que nous allons tous mourir parce que j'ai
essayé une nouvelle coiffure ? C'est de la folie
pure, de l'aberration..

— Je suis de ton avis, mignonne, dit la
veuve. Jusqu'à nouvel ordre, ne nous désolons
pas. »

Et le dîner fini, Pauline rentra dans sa chambre après avoir embrassé sa fille. Brisée par les
émotions de la journée, elle avait hâte de regagner son lit.

Mlle Verdot, elle, n'éprouvait encore aucune
fatigue. Après avoir congédié sa camériste, elle
se jeta dans un fauteuil, et récapitula mentalement les incidents qui s'étaient produits.
Comme dix heures sonnaient à un vieux coucou, Camille ouvrit sa fenêtre. La chaleur était
lourde, quoique le ciel fût plein d'étoiles. Par
les jardins environnants, venaient des parfums

de roses et de jasmins. La ville semblait endormie. En face de la maison un grand mur montrait sa masse blanchâtre, que la lumière d'un bec de gaz éclairait crûment, — car la petite capitale jouit d'un éclairage tout parisien, grâce à la débonnaireté du prince. L'air était si engageant, la rue si tranquille, que Camille éprouva bientôt le besoin de jouir de cette magnifique soirée. Elle se blottit donc dans un fauteuil, commodément placé sur le balcon. Au loin, on entendait l'aboiement d'un chien de garde, les derniers cris du *buñulero*, le marchand de beignets, qui regagnait sa maisonnette à petits pas, non loin de l'auberge de la *Dorade*. Troys est friand de pâtisserie ; et bien souvent, fort avant dans la nuit, bourgeois et boutiquiers devisent de leurs affaires, sur le pas des portes, tout en croquant une *sartenada*, une large poêlée de crêpes très sucrées, qu'on arrose avec le vin blanc de Zacapétèques.

Camille se disait que si Paris était bien loin, la Turrie ne lui déplaisait pas trop. Elle pensait vaguement au gros prunellier du jardin, dont une branche cassée réclamait des soins, lorsqu'elle vit déboucher par le coin de la rue Française une masse noirâtre qui lui parut être un groupe de trois hommes. Elle ne se trompait point.

L'un de ces hommes se détacha du groupe, s'enroula dans sa cape, et s'arrêta net au coin, sous le bec de gaz. Un autre, celui qui marchait en tête, alla s'asseoir à l'extrémité de la rue des Morisques, pendant que le troisième inconnu s'adossait au mur blanc des jardins du notaire. Tout ce manège intrigua fortement la Parisienne. L'idée d'une singularité locale, aussi mystérieuse que son aventure avec le cavalier rouge du matin, lui vint à l'esprit. Mais déjà l'étranger rabattait sur ses yeux l'aile de son sombrero, et caressait de ses doigts les cordes d'une guitare. Impossible de voir son visage... Tout ce que put distinguer Mlle Verdot, ce fut une paire de guêtres en cuir fauve, une haute taille bien droite, un certain air de jeunesse, de distinction, et la courte culotte brune des paysans de Turrie ; une voix mâle et claire, aux lenteurs douces et alanguies, une voix merveilleusement timbrée, s'éleva dans la nuit :

Riscarde ma dogour,
Riscarde ma dogour ;
Escota me, verguerra

Léguerra ;
Escota me, bindor,
Verguerra d'amor !

— « Regarde ma douleur, — regarde ma douleur ; — écoute-moi, bergère légère ; — écoute-moi sans peur, — bergère d'amour ! »

Malgré elle, Camille tressaillit de plaisir et d'émotion. Et quoiqu'elle ne comprît pas un traître mot de cette cantilène passionnée, si différente des chansons et des *scies* de Montmartre, elle ne crut pas devoir fermer sa fenêtre. Tout à coup, le bruit d'un escarpin vint frapper son oreille. Elle se retourna vivement et aperçut derrière elle M. de Saint-Loup. Il était là depuis quelques secondes. L'attention qu'elle accordait au chanteur l'avait empêchée de surprendre l'arrivée de son oncle.

— Je parie que c'est ta camériste Eulalie qui nous vaut cela, dit le maître de chapelle.

Et s'accoudant sur la balustrade en vieux fer forgé du mirador, il apostropha l'inconnu :

— Vous perdez votre temps, jeune homme. Ma bonne est couchée.

— Oh ! mon oncle, je vous en prie, fit doucement Camille... laissez-le finir... Il chante si bien !

Mais l'homme aux guêtres fauves n'avait pas attendu cet encouragement pour passer au second couplet; guitare au poing, raide comme une cariatide, il emplissait la rue de sa voix stridente et sonore. La mélodie prenait, comme lui, des grâces savantes, des souplesses singulièrement attachantes :

> Crede-me per jamaï,
> Crede-me per jamaï;
> N'ame ca tu, verguerra
>   Léguerra;
> N'en boli ca toun cor,
> Verguerra d'amor !

« Crois-moi pour toujours, — crois-moi pour toujours; — je n'aime que toi, bergère légère; — je n'en veux qu'à ton cœur, — bergère d'amour! »

« J'avoue que les paroles m'échappent, murmura don Fernand, mais il chante bien. C'est une organisation, ce jeune homme... Ce doit être du vieux-turrian. »

Il ajouta, rien que pour lui :

« C'est curieux. Il me semble que j'ai déjà entendu cette voix. »

Comme la première fois, Camille supplia son oncle de ne pas effaroucher le chanteur. Et tous deux purent jouir de la fin de la sérénade :

> Oh! vegui per tou boun,
> Oh! vegui per tou boun,
> Dorve-me, ma verguerra
> Léguerra,
> Dorve-me : t'ame escór,
> Verguerra d'amor!

« Oh! va, pour tout de bon, — Ouvre-moi, ma bergère légère ; — ouvre-moi, que je t'aime plus encore, — bergère d'amour (1)!

La voix s'éteignit dans la nuit, doucement appuyée par quelques tardifs fredons de guitare. Sur un sifflement qu'il leur fit entendre, le chanteur fut rejoint par les deux hommes en faction. Un dernier regard jeté sur la maison de l'organiste, et le groupe disparut dans la rue Française.

« Ma chère enfant, dit Saint Loup d'un ton plein de conviction, je crois qu'il y aura lieu de veiller sur Eulalie.

— Vous croyez, mon oncle ? » répondit Ca-

---

(1) Il existe de cette délicieuse mélodie turriane une transcription pour piano, due au compositeur Pablo Vidallon y Tolosa.

mille en comprimant de son mieux un éclat de rire.

— C'est singulier pourtant... cette voix n'est point celle d'un pâtre... ce timbre ne m'est pas inconnu... Sur ce, ma nièce, je te souhaite une bonne nuit... Et puis, demain, mon entrevue avec le prince! Que va-t-il penser de ton béret blanc! Cruelle enfant, tu m'arraches à mes orgues; il faudra redescendre dans l'arène... Mais tout de même, je ne t'en veux pas, car tu es jolie comme un amour. Embrasse-moi.

Mais Camille ne l'écoutait plus. Sa fenêtre refermée, son fauteuil rentré, elle établissait déjà un trait d'union entre le cavalier du matin et le donneur de sérénade. Il y avait bien la différence des costumes, qui la gênait dans ses calculs; elle ne pouvait croire à tant de variété dans la toilette des Turrians « Et pourtant, disait-elle en s'endormant, c'est bien la même voix, autant que j'ai pu en juger, la même barbe en pointe.. »

Le lendemain, qui était un jeudi, M. de Saint-Loup alla faire son cours de solfège aux enfants de la maîtrise. Il rentra pour déjeuner du bout des dents. Les deux femmes ne purent lui arracher une parole. Déjà Eulalie commençait à desservir, lorsqu'un homme pénétra dans la salle à manger, d'autorité, sans se faire annoncer.

« Gorraquil ! » s'écria l'artiste.

Très pâle, les lèvres pincées, il roula précipitamment sa serviette et, montrant une chaise au nouveau venu :

« Un verre de vin ? » fit-il.

L'autre acquiesça d'un signe de tête. Gorraquil, en dépit des années, était toujours l'homme de confiance, le premier valet de chambre de Maxence de Portencohèdre. Mais depuis que son maître avait été élevé au principalat, Gorraquil avait ajouté à ces fonctions intimes celles d'*hombre-mayor*, autrement dit « chef de la livrée » du château. Vêtu d'un justaucorps de velours vert à raies, serré par une *taillole* de laine rouge, le bonnet catalan sur la tête, l'hombre-mayor portait en bandoulière une jolie carabine anglaise et tenait en main une espèce de fouet très court. Sa culotte de velours noir se perdait dans d'énormes bottes de cuir jaune. Il se dandinait sur sa chaise avec des allures de petit-maître. Ce colosse de Jean-de-Dieu Gorraquil possédait toujours des épaules dont la largeur aurait humilié un frère lai. Ses cheveux, presque blancs, ressemblaient à la laine des nègres, tant ils frisaient autour de son front bas et têtu. Sa face, aux tons de brique, faisait avec cette chevelure argentée un contraste saisissant, et qui prévenait mal en faveur de l'homme. Un nez camard, des moustaches embroussaillées de chat en colère, des anneaux de cuivre aux oreilles complétaient le portrait de ce vieux Mercure montagnard. Au milieu de cette face rougeâtre, luisaient deux morceaux de charbon ardent : c'étaient les yeux de Gorraquil. Il eut toujours pour son maître l'aveugle dévouement d'un chien caniche, et le prince se plaisait à raconter qu'ils avaient sucé ensemble, au château de Latapie, le lait de la même nourrice.

Cependant M. de Saint-Loup avait peine à reconquérir son sang-froid. Il interpella Eulalie d'une voix tremblante :

« Comment, ma fille, vous apportez des flûtes ? Vous oubliez donc que Gorraquil, le *señor* Gorraquil, veux-je dire, est homme à siffler une pipe de pacaret ? Il engouffrerait la valeur du vase d'Amathonte, n'est-ce pas, Juan de Dios ? Allez plutôt prendre ma timbale de vieil argent. »

En entendant son éloge bachique, Gorraquil laissa échapper une fusée d'éclats de rire qui eurent beaucoup de mal à s'éteindre dans sa gorge. Camille et sa mère ne perdaient point de vue ce bizarre personnage. Quand il eut trinqué avec Saint-Loup, il fit entendre un sec claquement de lèvres; puis, tout en posant la timbale sur la table:

« Sa Grâce désire vous parler, » dit-il.

Fernand jeta sur sa nièce un regard qui signifiait : « Tu vois bien que nous sommes perdus! » Il se mit à marcher à grands pas, pour dissimuler son émotion. Tout à coup, il revint droit à Gorraquil :

« Où as-tu laissé Sa Grâce?

— Au château. C'est jour d'audience. Même que monseigneur vous attend. Moi, je file à Sept-Cabres pour placer des appeaux. J'ai ma mule à la porte.

— Le prince n'est donc pas à la chasse?

— Pas le moins du monde. Don Henri et dona Blanche, seuls, sont partis à la battue pour jusqu'à samedi, car ce jour-là, nous aurons du monde au château. »

Gorraquil congédié, M. de Saint-Loup endossa son habit noir et se mit en route. Trois heures sonnaient à Notre-Dame. L'organiste traversa rapidement la place, et prit par l'escalier de la poterne. Ses terreurs le reprirent à la vue de la masse blanche du château. En s'engageant dans la grande allée d'honneur, où alternent des pins d'Alep, des araucarias et des tamarix, il ne put s'empêcher de courber la tête. Son cœur était bourrelé de remords. On eût dit, à le voir s'avancer ainsi, éteint et consterné, un de ces vizirs déchus auxquels les sultans des *Mille et une Nuits* tiennent à honneur d'annoncer eux-mêmes que leur tête va tomber dans trois minutes. Quelques domestiques le saluèrent, l'échine fort basse; mais il ne prit point garde à eux...

Une heure après, le maître de chapelle rentrait rue des Morisques. Cette fois, sa démarche était légère, son regard radieux. Il portait triomphalement, sous son bras gauche, une de ces fines couffes en sparterie, où l'on renferme ordinairement le gibier, et dont la paille a des tons de vieil or bruni.

Quand M. de Saint-Loup pénétra dans la salle à manger, il y trouva sa sœur et sa nièce essayant encore de se convaincre mutuellement que l'incident du béret n'aurait pas de suites fâcheuses. Dès qu'elle aperçut son oncle, Camille courut le débarrasser de son fardeau.

« C'est lourd, dit-elle. Est-ce là la hache que le prince me destine ?

— Chut ! glapit l'organiste. Nous allons causer de cela. »

Puis, à une muette interrogation que lui jetait la veuve :

« Cela ne s'est pas trop mal passé, ma chère Pauline... Elle a du flair, la petite... J'arrive, le prince me reçoit avant tout le monde. Sa Grâce me tend la main ; je lui trouve sa bonne figure accoutumée : « Ah ! vous voilà, Saint-Loup, on ne vous voit plus. J'allais vous faire publier... Vous rappelez-vous les jolis vers de Charles d'Orléans : *Cryé soit à la clochette Fredet, on ne le voyt plus...* » Je balbutie quelques mots d'excuse : Votre Grâce par-ci, Votre Grâce par-là... Mais lui ne me donne pas le temps de trop m'embrouiller : « A propos, Saint-Loup, don Henri m'assure que vous avez eu une visite de France. Pourquoi ne pas m'avoir présenté cette jeune dame ?

— Ah ! fit Camille en rougissant.

— Je balbutie, continua Fernand : « Mon prince, ces dames sont... — Comment *ces dames!* il y en a donc plusieurs? m'a dit don Maxence. — Deux en tout, mon prince... des parentes sans fortune, ma sœur et sa fille, qui désormais vivront avec moi. — Tant mieux! a répondu Sa Grâce. Nous n'avons pas trop de Françaises ici... Et c'est maintenant que vous m'apprenez tout cela! Mais où diable avez-vous donc la tête, Saint-Loup? Il faut, entendez-vous, il faut m'amener ces dames. Elles dîneront ici samedi... »

— Vous voyez bien, mon oncle : vos terreurs étaient chimériques... Respirons, maman, respirons!

« J'ai remercié Sa Grâce, et j'ai accepté en votre nom, continua Fernand, mais je me suis fait un peu prier. A quoi le prince me répondait toujours : « Mais vous êtes fou, Saint-Loup? Dites à vos parentes que le château leur appartient! » Il a terminé l'entretien en me disant : « Maëstro, je vous congédie. J'ai encore à recevoir le préfet de Tarbes, de plus lord Rockings et sa fille, miss Ada, — nos deux touristes du *Grand Hôtel de Turrie...* »

— Et le fameux béret? demanda Camille.

— Pas un traître mot. »

Après ces mots, prononcés sur un ton

d'inexprimable conviction, Fernand se mit à ouvrir sa couffe de sparterie, et, tout en la maniant :

« Au moment où j'allais partir, il m'a mis cela dans les mains : « Pour vous et vos parentes. C'est l'ouverture de la chasse du jeune Henri... » Cet homme-là est plein d'esprit ! On le mangerait comme du pain, tant il est bon ! »

La maigre main du maître de chapelle retira successivement de la couffe un coq de bruyère, une poule faisane, un lièvre (de l'espèce qu'on trouve en Turrie : *le lièvre des neiges*), quatre ou cinq pluviers dorés et une douzaine de ces grasses cailles, très basses de pattes, qui pullulent dans les blés du pays.

« Avez-vous interrogé le prince sur la sérénade d'hier ? » risqua Camille, bien décidée à tourmenter son oncle.

Mais le vieil artiste feignit de ne pas entendre. Une longue conférence s'ouvrait entre lui et Estefania. Il s'agissait de savoir comment on accommoderait les cailles. La vieille opinait pour le rite français, la barde de lard et la classique feuille de vigne ; son maître penchait plutôt vers le système turc, un bon *pilavv* saupoudré de safran. C'était une recette surprise un soir, chez le prince, comme elle sortait de la bouche de l'archidiacre. Saint-Loup tenait l'ecclésiastique pour une autorité culinaire. Aussi se cramponnait-il au *pilavv* comme un enfant à son jouet. La vieille, pourtant, ne démordait pas de son idée.

« Ah ! si don Francisque était là, comme il vous donnerait tort, Estefania ! »

Cette théologie gastronomique laissa froides Mme Verdot et sa fille. Toutes ragaillardies, elles descendirent au jardin.

Elles y passèrent toute la journée de vendredi à discuter chiffons et coiffures. C'était un joli petit jardin, un vrai jardinet de prêtre de campagne, avec sa tonnelle, son kiosque vert où grimpaient des haricots, ses quatre ou cinq ruches à mouches à miel étalées contre le mur. Au milieu, une sorte de vasque où tombaient les feuilles mortes de deux azeroliers et, dans les massifs, des iris à coté de verveines et de tournesols. Deux gros prunelliers brochaient sur le tout.

Les allées avaient des fraisiers en guise de bordures.

Par le jardin voisin, celui du chancelier de justice, arrivaient jusqu'aux deux femmes des gloussements de pintades et le clairon enroué d'un coq.

« Voici, dit la veuve, un petit coin où l'on pourrait faire construire un colombier... C'est toujours joli à voir des tourterelles. A Nevers, ton grand-père en raffolait. »

Camille se rapprocha de sa mère, l'œil rêveur et la mine préoccupée.

« Certainement, maman, dit-elle. Un chapeau sans plume de tourterelle, c'est encore ce qu'il y a de plus convenable pour une toilette de dîner. »

VII

Le cœur lui battait à tout rompre, quand Camille fut présentée au prince. Don Maxence semblait, d'ailleurs, vouloir donner à la jeune fille la plus avantageuse idée du petit peuple qu'il gouvernait. Les douze ou quinze convives qui dînèrent, ce soir-là, au château ressemblaient tous à des personnages de la *Vie des Saints*. Jamais physionomies plus franches, façons plus patriarcales, propos plus désintéressés n'avaient captivé à ce point la Parisienne. C'était comme une nouvelle révélation de la vie !

Tout ce monde parlait au prince sur un ton de cordiale admiration et de simplicité qui allait droit à l'âme. Ce qu'on agita, ce fut la question de l'avenir de la Turrie, comme toujours; la nécessité pour elle d'être à jamais indépendante et de profiter de ses mille ressources. Puis une grande discussion littéraire et artistique s'engagea entre l'archidiacre et don Maxence. La musique de Wagner et celle de Berlioz se heurtèrent violemment; la poésie de Victor Hugo fut opposée à celle de Musset. Le tout finit par le plus courtois des chocs de verres. Dans cette lutte oratoire, M. de Saint-Loup intervint à plusieurs reprises. Il jouait le rôle de l'huile sur le feu. — « Il n'y a donc pas que Paris au monde, se disait Camille. Tous ces gens me paraissent profondément heureux. »

Parmi les convives figuraient don Henri, le fils, et dona Blanche, la nièce du prince de Portencohèdre. Tous deux furent d'une parfaite amabilité à l'égard des dames Verdot. Don Henri, qu'on avait placé à côté de Camille, lui parla de ses occupations médicales avec une modestie et un tact parfaits.

« Nous avons à Troys, mademoiselle, lui dit-il, une sorte d'association féminine que préside ma cousine, et dont le but est de veiller sur les enfants des malades pendant le séjour des parents à l'hôpital. Ce serait une grande joie pour moi que de vous voir figurer parmi ces personnes dévouées.

— Je vous remercie, monsieur le duc, de m'informer de votre désir; et vous pouvez me considérer dès maintenant comme faisant partie de l'association. »

En disant ces mots, elle leva son regard sur don Henri. Les flammes de leurs yeux se rencontrèrent. Chose singulière, ce fut don Henri qui rougit. Le fils du premier magistrat de la Turrie semblait posséder autant de philosophie que son père. Il n'avait rien de grave ni de pédant dans l'attitude; mais on sentait bien que ce jeune homme considérait la vie comme une chose fort sérieuse. Ses moindres réflexions dénotaient un penseur. Camille lui parla plusieurs fois de Paris et, à son grand étonnement, il se trouva que don Henri le connaissait à merveille. De plus, chaque fois que leur conversation s'en prenait à ce sujet, la physionomie du duc de Portencohèdre paraissait plus animée. Il se dégelait. Deux ou trois fois même, il laissa tomber de ses lèvres des mots frisant le calembour par *à peu près*... Peu à peu, la jeune fille reconnaissait en don Henri le mystérieux personnage qu'elle avait aperçu deux fois sous ses fenêtres. Le cavalier rouge, le paysan porteur de guitare, c'était donc le fils même du principal ! Cependant Mlle Verdot ne pouvait croire encore que don Henri eût chanté exclusivement pour elle, tant son voisin de table gardait de réserve et de sang-froid.

« Et pourtant, se disait Camille, il me dévisageait assez pendant la sérénade ! »

Mlle Verdot nageait dans la joie. Ce dîner, si cordial et tout dépouillé d'étiquette, lui semblait la preuve indéniable que sa destinée, désormais, serait d'être heureuse. Camille avait de l'esprit et un certain entrain. Le malheur les avait comprimés ; mais l'amabilité de son voisin et l'aisance générale des convives leur donnèrent la clef des champs. Le duc Henri, lui aussi, se mit en verve. A un moment, Camille lui demanda si vraiment le port du béret blanc était interdit dans le pays.

— Non seulement interdit, mademoiselle, répondit don Henri, mais encore puni par l'exil, le renvoi à la frontière. A tort ou à raison, le béret blanc est considéré comme l'insigne du carlisme. Aussi les Turrians ont-ils en horreur toute coiffure de cette espèce. Ce matin même, señorita, j'ai dû me jeter aux pieds du chancelier de justice, — ce gros homme que vous voyez là-bas, au milieu de la table, en train de désosser une perdrix, — et le supplier d'abandonner ses poursuites contre une porteuse de béret blanc...

— Une porteuse?

— Une porteuse. Le chancelier tenait bon, et voulait absolument faire arrêter la délinquante.

— Pauvre femme! observa Camille. Et dans quel endroit, s'il vous plaît, M. le duc, s'est produit ce viol de la loi?

— Rue des Morisques, mademoiselle, pour vous servir... chez un des meilleurs amis de mon père. »

Camille rougit beaucoup, cette fois; et on ne sait trop comment, don Henri trouva le moyen de presser sa main fine et blanche... En quittant le château, l'émotion la plus vive colorait encore la charmante physionomie de Camille. Le jeune duc n'avait-il pas chanté, après le dîner, en s'accompagnant lui-même au piano, la sérénade en vieux-turrian déjà connue de la jeune fille?

Trois jours après cette première apparition

au château, Fernand et « ces dames » étaient invités par don Henri à une partie de chasse. A cette occasion, la Parisienne avait mis à contribution la couturière à la mode de Troys. Don Henri, plus aimable et empressé que jamais, la félicita sur sa bonne grâce et l'empressement qu'elle mettait à apprendre à chasser, car il ne voulut pas confier à un autre que lui-même le soin de faire cette éducation cynégétique. Ce jour-là, on déjeuna à Sept-Cabres, un délicieux rendez-vous de chasse, que les Portencohèdre possèdent de temps immémorial. Pendant trois mois, ces parties de chasse se renouvelèrent fréquemment. Au retour à Troys, on dînait au château en compagnie de quelques invités de distinction. Après le dîner, don Henri passait sa cape, offrait son bras à Camille, et la reconduisait en causant jusqu'à la porte de sa maison. Un soir, Camille s'entendit dire que le prince la demanderait lui-même, le lendemain, en mariage, pour son fils...

M. de Saint-Loup, en honnête homme, informa le prince des malheurs qu'avait subis la famille Verdot.

« Oh! quant à ce chapitre, Saint-Loup, mon

opinion est faite depuis longtemps : *les fautes sont personnelles*... D'ailleurs, don Henri aime votre nièce... Nous n'avons plus qu'à nous exécuter. »

Le mariage des deux jeunes gens fut célébré un mois après.

« On prétend, disait à cette occasion le prince de Portencohèdre, que je suis le plus équitable des magistrats de la Turrie. Et cependant, si mon fils est heureux aujourd'hui, c'est parce que j'ai laissé se commettre une *illégalité !* — Quelle illégalité, mon prince? demanda le préfet de Tarbes, qui dînait ce soir-là au château. — Ma belle-fille avait porté un béret blanc... *Rien que l'exil n'était capable*, etc. Vous connaissez le reste. Où irions-nous, mon cher préfet, si l'on appliquait exactement les lois ?. »

Dernier et curieux détail : *Charlemagne*, drame lyrique, sera très prochainement représenté à l'Opéra de Madrid... aux frais de la jeune duchesse de Portencohèdre.

FIN

16 MOIS de CRÉDIT — A Tous et pour Tous — **5 fr. PAR MOIS**

La Marche du Progrès.

Phonographe "LE ROBUSTE"

NOUVELLE CRÉATION

Mécanisme perfectionné et simplifié. — Reproduction incomparable.
Chaque Appareil est livré avec un choix de 15 cylindres moulés et enregistrés.

SUPÉRIEUR, MEILLEUR et BON MARCHÉ

Sonorité extraordinaire.

Notre Phonographe que nous avons l'avantage de vous détailler ci-dessous est un appareil unique réunissant toutes les qualités désirées. Il comporte un mouvement recouvert, un régulateur, une vis de réglage, possède une vis sans fin, un diaphragme en aluminium avec membrane en mica; il peut être remonté pendant la marche. C'est une merveille scientifique, unique par son prix dérisoire. L'appareil complet et ses accessoires, ainsi que les quinze cylindres enregistrés est livré dans un très bref délai : on ne paie que 5 fr. à la réception et 5 fr. par mois, jusqu'à complet paiement du prix total d'achat de 75 fr. C'est donc 16 mois de crédit que nous accordons à tout acheteur. Outre ces grands avantages, nous donnons *gratuitement*, à toute personne qui nous enverra immédiatement le bulletin de commande ci-dessous, une **SUPERBE GAINE, DOUBLÉE MOLLETON ROUGE**, servant à garantir l'appareil, avec serrure à clef et double fermeture. L'emballage et le port sont gratuits.

Les quittances sont présentées par la poste, sans frais pour l'acheteur. Pour recevoir le Phonographe et ses accessoires, franco de tous frais, il suffit de copier ou de découper le bulletin de commande ci-dessous et de l'envoyer sous enveloppe affranchie à :

M. Ernest FLAMMARION, 26, Rue Racine, PARIS.

BULLETIN DE COMMANDE : N°

Je soussigné, déclare acheter le Phonographe "LE ROBUSTE" et ses Accessoires, aux conditions ci-dessus détaillées, c'est-à-dire 5 fr. après réception de la marchandise et ensuite 5 fr. par mois jusqu'à complète liquidation de la somme de 75 fr., prix total.

A .... le 190   SIGNATURE :

Nom et Prénoms ....
Qualité ou Profession ....
Adresse ....

N.-B. — La Maison vend également par abonnements, tous systèmes de machines parlantes à disques et à cylindres.
CONDITIONS AVANTAGEUSES — CATALOGUES sur DEMANDE

5 fr. PAR MOIS | *Bien-Être et Confort* | **14 MOIS de CRÉDIT**

"LA TRIOMPHANTE"

Superbe Garniture de Cheminée, Marbre noir et couleur
Bronze vernis or, artistement ouvré.

GARANTIE DE MARCHE : 10 ANS

SOLIDITÉ, ÉLÉGANCE et JUSTESSE

Surpasse en **fini** et **qualité** tout article similaire.

Notre Garniture, dont dessin ci-contre, quoique d'un genre classique, est toujours et partout accueillie avec succès ; la forme sévère de la Pendule contraste fort gracieusement avec la légèreté de ses Candélabres. Bref, elle en impose par son cachet artistique et son bon goût; nul doute que le public pourra apprécier l'offre que nous lui faisons, à des conditions réellement avantageuses et uniques.

Les Candélabres à cinq branches mesurent 44 centimètres de haut. La Pendule mesure 39 centimètres, elle est munie d'un mouvement d'horlogerie de précision, sonnant les heures et demies et marchant pendant 15 jours.

Afin d'en permettre l'acquisition à tout le monde, nous vendons la garniture complète au prix très avantageux de **78** francs et pour la mettre à la portée de toutes les bourses, nous la livrons contre un premier versement de 8 francs à la réception de l'envoi et 5 francs le 1er de chaque mois qui suit l'acquisition.

L'emballage soigné, dans une solide caisse, est gratuit.

Les quittances mensuelles sont présentées par la poste sans aucuns frais pour l'acheteur.

Pour recevoir notre GARNITURE de CHEMINÉE *franco* de tous frais, il suffit de copier ou de découper le Bulletin de commande ci-dessous et l'envoyer à :

M. Ernest FLAMMARION, 26, Rue Racine, PARIS.

BULLETIN DE COMMANDE N°

Aux conditions ci-dessus, je déclare acheter la GARNITURE de CHEMINÉE, du prix de 78 fr. payables 8 fr. à la réception et le solde par versements de 5 fr. le 1er de chaque mois, jusqu'à libération du prix total.

Fait à .... le 190   SIGNATURE :

Nom et Prénoms ....

Qualité ou Profession ....

Adresse ....

SUPERBE PRIME A NOS LECTEURS

Dernière Merveille de l'Horlogerie
PENDULE RÉGULATEUR à MUSIQUE

Utile et Agréable | **4 AIRS** — Payable par Mois **5 fr.** | **L'Heure EXACTE**

Nous avons l'avantage de pouvoir offrir à nos lecteurs un **Magnifique Régulateur à Musique 4 airs**, mesurant 1m 10 de haut sur 0m 39 de large; il est muni d'un mouvement d'horlogerie en cuivre massif marchant huit jours; le cadran est en ivoire avec centre doré; le balancier en vieux cuivre assorti au centre du cadran est muni d'une vis permettant le réglage instantané du mouvement. Grâce à ce système et mieux que toute autre horloge, notre régulateur peut donner l'heure exacte.

La bonne marche de notre Régulateur est garantie 25 ans

Ce qui constitue sa grande nouveauté, c'est son mécanisme à musique très ingénieux. Il se compose de 4 airs entièrement différents que vous pouvez faire exécuter alternativement, d'une façon continue, ou arrêter complètement à votre gré et cela sans crainte de nuire à la marche régulière du mouvement.

Le tout est renfermé dans un ravissant meuble style nouveau en noyer poli, orné de motifs sculptés; le côté de face est recouvert aux endroits les plus apparents par de splendides décorations en vieux cuivre repoussé et représentant ici une figurine artistique, plus loin une oriflamme, là-bas un écusson; ces différentes appliques sont d'un travail parfait et irréprochable.

Afin d'en permettre l'acquisition à tous, nous vendons le Régulateur avec musique 4 airs, marchant huit jours, au prix très avantageux de **97f50**; pour le mettre à portée de toutes les bourses, nous le livrons contre un premier versement de **7f50** à la réception de l'envoi et nous faisons encaisser le reste par fractions de **5 fr.** le 1er de chaque mois qui suit l'acquisition. C'est donc

19 MOIS DE CRÉDIT

que nous accordons à tout acheteur; outre ces avantages, nous donnons *GRATUITEMENT* à toute personne qui nous enverra immédiatement le bulletin de commande ci-dessous, un **MAGNIFIQUE CADEAU**.

L'emballage soigné, dans une solide caisse, est gratuit. Les reçus mensuels sont présentés par la poste sans aucuns frais pour l'acheteur. Pour recevoir notre Régulateur et le cadeau qui l'accompagne franco de tous frais, il suffit de copier ou de découper le bulletin de commande ci-dessous et l'envoyer sous enveloppe affranchie à l'adresse de

M. Ernest FLAMARION, 26, Rue Racine, PARIS.

BULLETIN DE COMMANDE

Je soussigné, déclare acheter le Régulateur à musique 4 airs, *aux conditions ci-dessus détaillées, c'est-à-dire* 7f50 *après réception de la pièce et ensuite* 5 fr. *par mois jusqu'à complète liquidation de la somme de* 97f50, *prix total.*

Fait à .... le 190   SIGNATURE :

Nom ....
Profession ....
Domicile ....

(Garanti 25 ans — Régulateur à Musique)

7fr. PAR MOIS | *OCCASION UNIQUE* | **21 MOIS de CRÉDIT**

L'INDISPENSABLE

Incomparable Garniture de Cheminée en marbre couleur
surmontée d'une STATUETTE en BRONZE composition.

Nous venons vous offrir, aimables lectrices et lecteurs, une splendide garniture de cheminée en marbre couleur, surmontée d'un sujet artistique "**ONDINE**" œuvre de notre grand sculpteur **PERRON**.

La gravure ci-dessous vous donnera une idée de cette ravissante pièce qui impose par ses formes nouvelles et sa gracieuseté. La **pendule** est massive et très élégante, les **candélabres** légers et élancés reposent sur pieds de marbre massifs ornés de motifs décoratifs. Les trois pièces sont d'un aspect à la fois riche et imposant. La **pendule** mesure 0m54, les **candélabres** 0m58 de haut, elle est munie d'un mouvement de précision à sonnerie, marchant 15 jours et que **nous garantissons pendant 5 ans**.

Afin d'en permettre l'acquisition à tout le monde, nous vendons la garniture complète au **prix très avantageux de 147 francs** et pour la mettre à portée de toutes les bourses nous la livrons contre un premier versement de **7 fr.** à la réception de l'envoi et **7 fr.** le premier de chaque mois qui suit l'acquisition.

L'emballage soigné dans une solide caisse est **gratuit**.

Les quittances mensuelles sont présentées par la poste sans aucuns frais pour l'acheteur.

Pour recevoir notre **GARNITURE de CHEMINÉE** franco de tous frais, il suffit de copier ou de découper le Bulletin de commande ci-dessous et l'envoyer à l'adresse de :

M. **Ernest FLAMARION**, 26, Rue Racine, PARIS.

BULLETIN de COMMANDE

Aux conditions ci-dessus, je déclare acheter la GARNITURE de CHEMINÉE au prix de **147 fr.**, payables **7 fr.** à la réception et le solde par versements de **7 fr.** le 1er de chaque mois jusqu'à libération du prix total.

Fait à .... le .... 190 . SIGNATURE :

Adresse ....

Profession ....

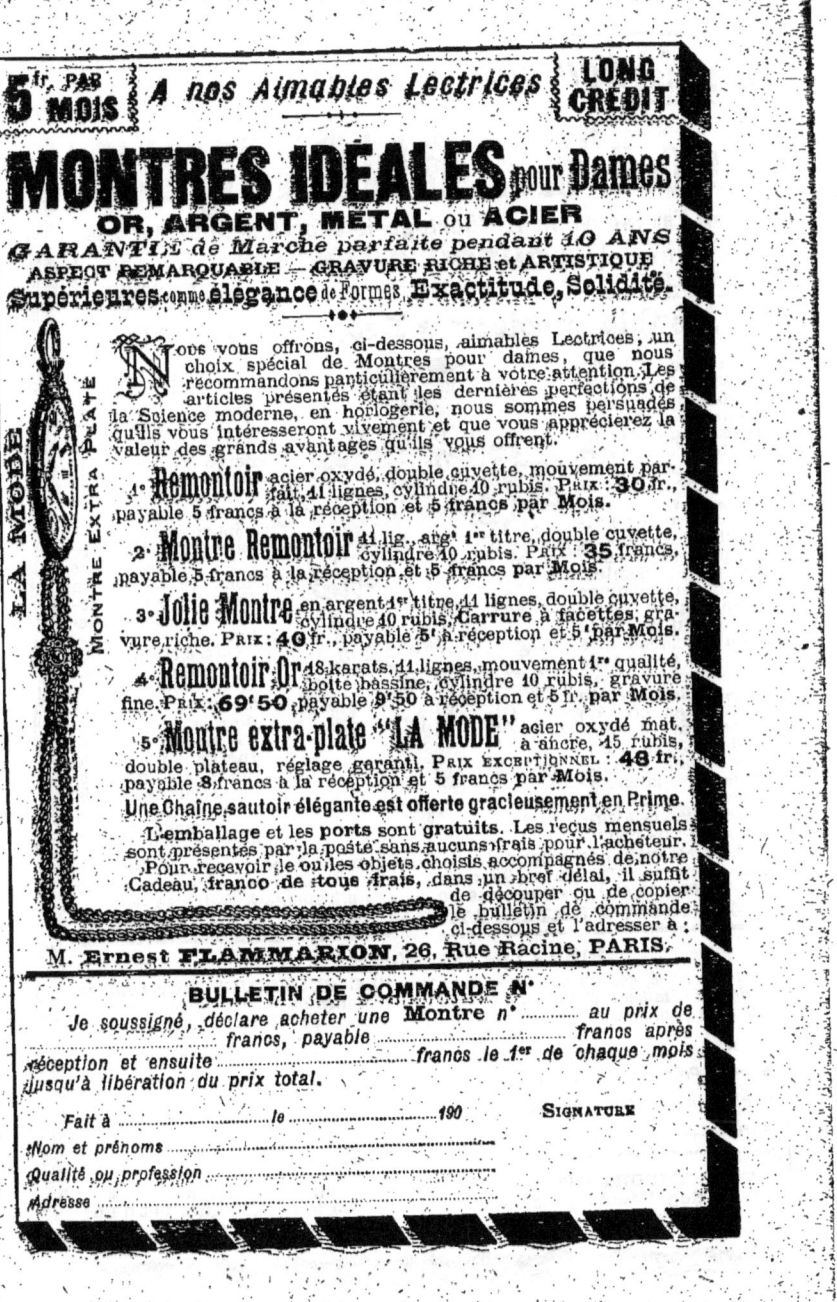

| 5 fr. PAR MOIS | **Nouveauté originale** | 15 MOIS de CRÉDIT |

Coucou "LE RUSTIQUE"

Muni d'un *mouvement d'horlogerie à forte sonnerie* et d'un

| CABINET noyer SCULPTÉ | **COUCOU CHANTANT** *Marche régulière :* 8 JOURS | CHANTE et SONNE |

Meuble précieux ✻ Décor merveilleux

La pièce d'horlogerie dont le dessin ci-contre ne donne qu'une idée imparfaite est d'une originalité incontestable. Son grand succès qui s'affirme tous les jours d'avantage est dû en grande partie au chant du Coucou apparaissant aux heures et demies. Le ton grave d'une belle et forte sonnerie que nous avons tenu spécialement à adapter, donne plus d'harmonie encore à l'ensemble de cette pendule en bois de noyer, artistement sculptée qui s'impose dans chaque logis par la modicité de son prix et les grands avantages de nos conditions de vente. Nous offrons notre nouveau Coucou "LE RUSTIQUE" au prix incroyable de 75 fr., que vous solderez 5 fr. à la réception de la pièce et 5 fr. par mois jusqu'à complet paiement du prix total d'achat. C'est donc 15 Mois de Crédit que nous accordons à tout acheteur.

Outre ces grands avantages, nous donnerons gratuitement un magnifique cadeau.

L'emballage soigné, dans une solide caisse est gratuit. Les reçus mensuels sont présentés par la poste, sans aucuns frais pour l'acheteur.

Pour recevoir notre Coucou et le Cadeau qui l'accompagne, franco de tous frais, il suffit de copier ou de découper le bulletin de commande ci-dessous et l'envoyer sous enveloppe affranchie à l'adresse de :

M. Ernest FLAMMARION, 26, Rue Racine, PARIS.

BULLETIN DE COMMANDE N°

Je soussigné, déclare acheter le Coucou "LE RUSTIQUE" aux conditions ci-dessus détaillées, c'est-à-dire 5 fr. après réception de la pièce et ensuite 5 fr. par mois jusqu'à complète liquidation de la somme de 75 fr., prix total.

A .... le 190   SIGNATURE :

Nom et Prénoms ....

Qualité ou Profession ....

Adresse ....

TRÈS IMPORTANT. — Grand choix de **Régulateurs** à musique 4 et 2 airs, Régulateurs à sonnerie, 1, 2, 3, 4 et 5 tons différents. **Pendules** en bois, tous styles, **Réveils** à sonnerie et à musique, **Garnitures de Cheminées**, marbre, bronze, etc. — *Catalogues sur demande.*

LONG CRÉDIT | Pour toutes Occupations | **5 fr. PAR MOIS**

NOS MONTRES
Système "CHRONOMÈTRE"

pour Hommes, **OR, ARGENT, MÉTAL** ou **ACIER**

Les plus parfaites et les plus durables, ne craignant pas les durs labeurs. Sans Rivales comme régularité de marche et de précision.

GARANTIES DIX ANS

Fabrication soignée, Elégance et fini irréprochables
Supportent toutes les températures.

Les différentes montres dont nous donnons ci-contre la description sont toutes particulièrement recommandables, ces dernières ayant été l'objet d'une sélection minutieuse, tant au point de vue de leur marche régulière, que de la perfection du mécanisme et du goût artistique de leur fabrication.

1° **Remontoir métal** ou acier, ancre 19 lignes, double cuvette, mouvement doré, empierré partout. Prix: **26 fr.** payable 6 fr. à réception et 5 fr. par mois.

(En usage dans toutes les grandes administrations: Postes, Télégraphes, Ministères, Chemins de Fer, Marine et Industries diverses en général.)

2° **Remontoir argent 1er titre**, double cuvette, gravure riche, cylindre 10 rubis, mouvement soigné, prix: **40 fr.** payable 5 fr. à réception et 5 fr. par mois.

3° **Remontoir or 18 k**ts mouvement doré, cylindre 10 rubis, boîte bassine, fond gravure riche. Prix: **99 fr. 50** payable 19 fr. 50 à réception et 5 fr. par mois.

4° **Nouveauté.** La montre Pratique marchant pendant 200 heures (8 jours), réglée du 1er au dernier jour, métal ou acier **58 fr.** payable 8 fr. à réception et 5 fr. par mois. Argent 1er titre: **75 fr.** payable 10 fr. à réception et 5 fr. par mois.

5° **La Mode.** Grand succès ! Montre extra-plate. Remontoir acier oxydé mat, à ancre, 15 rubis, double plateau, réglage garanti, prix exceptionnel: **48 fr.**, payable 8 fr. à réception et 5 fr. par mois.

(Montres à musique, montres réveils, montres régulateurs, grandeur 24 lignes, montres régulateurs à triple quantième et phases lunaires, etc., etc. Catalogue sur demande.)

L'emballage et les ports sont gratuits. Les reçus mensuels sont présentés par la poste, sans aucuns frais pour l'acheteur.

Pour recevoir le ou les objets choisis accompagnés de notre Chaîne-Cadeau, franco de tous frais, dans un bref délai, il suffit de découper ou de copier le bulletin de commande ci-dessous et l'adresser à **M. Ernest FLAMMARION, 26, Rue Racine, PARIS.**

BULLETIN DE COMMANDE N°

Je soussigné, déclare acheter une Montre n° .... au prix de .... fr. payable .... fr. après réception et ensuite .... fr. le 1er de chaque mois jusqu'à libération du prix total.

Fait à .... le .... 190....

Nom et Prénoms .... SIGNATURE:

Qualité ou Profession ....

Adresse ....

AVIS DE L'ÉDITEUR

Le but de la collection des *Auteurs célèbres*, à **60** *centimes* le volume, est de mettre entre toutes les mains de bonnes éditions des meilleurs écrivains modernes et contemporains.

Sous un format commode et pouvant en même temps tenir une belle place dans toute bibliothèque, il paraît chaque quinzaine un volume.

CHAQUE OUVRAGE EST COMPLET EN UN VOLUME

POUR LES N°° 1 A 430, DEMANDER LE CATALOGUE SPÉCIAL

431. Renée Allard, Le Roman d'une Provinciale.
432. H. de Balzac, Les Rivalités.
433. Arsène Houssaye, Mˡˡᵉ de La Vallière et Mᵐᵉ de Montespan.
434. H. de Balzac, La Maison du Chat-qui-pelote.
435. Théo-Critt, Le Bataillon des Hommes à poil.
436. H. de Balzac, Une Double Famille.
437. L. Lemercier de Neuville, Les Pupazzi inédits.
438. H. de Balzac, La Vendetta.
439. Lettres galantes d'une femme de qualité.
440. H. de Balzac, Gobseck.
441. Pierre Perrault, L'Amour d'Hervé.
442. H. de Balzac, Le Colonel Chabert.
443. Fernand-Lafargue, La Fausse Piste.
444. H. de Balzac, Une Fille d'Ève.
445. Louis Jacolliot, Fakirs et Bayadères.
446. H. de Balzac, La Maison Nucingen.
447. Mᵐᵉ X..., Mémoires d'une Préfète de la troisième République.
448. H. de Balzac, Le Curé de Tours.
449. Mᵐᵉ M. de Fonclose, Guide pratique des Travaux de dames.
450. H. de Balzac, Pierrette.
451. Camille Flammarion, Les Caprices de la foudre.
452. H. de Balzac, Béatrix.
453. Tancrède Martel, Doña Blanca.
454. H. de Balzac, Louis Lambert.
455. Jean Drault, L'Impériale de l'Omnibus.
456. H. de Balzac, Séraphita.

En jolie reliure spéciale à la collection, 1 fr. le v
ENVOI FRANCO CONTRE MANDAT OU TIMBR

Imprimerie Lahure, rue de Fleurus, 9, à Paris.

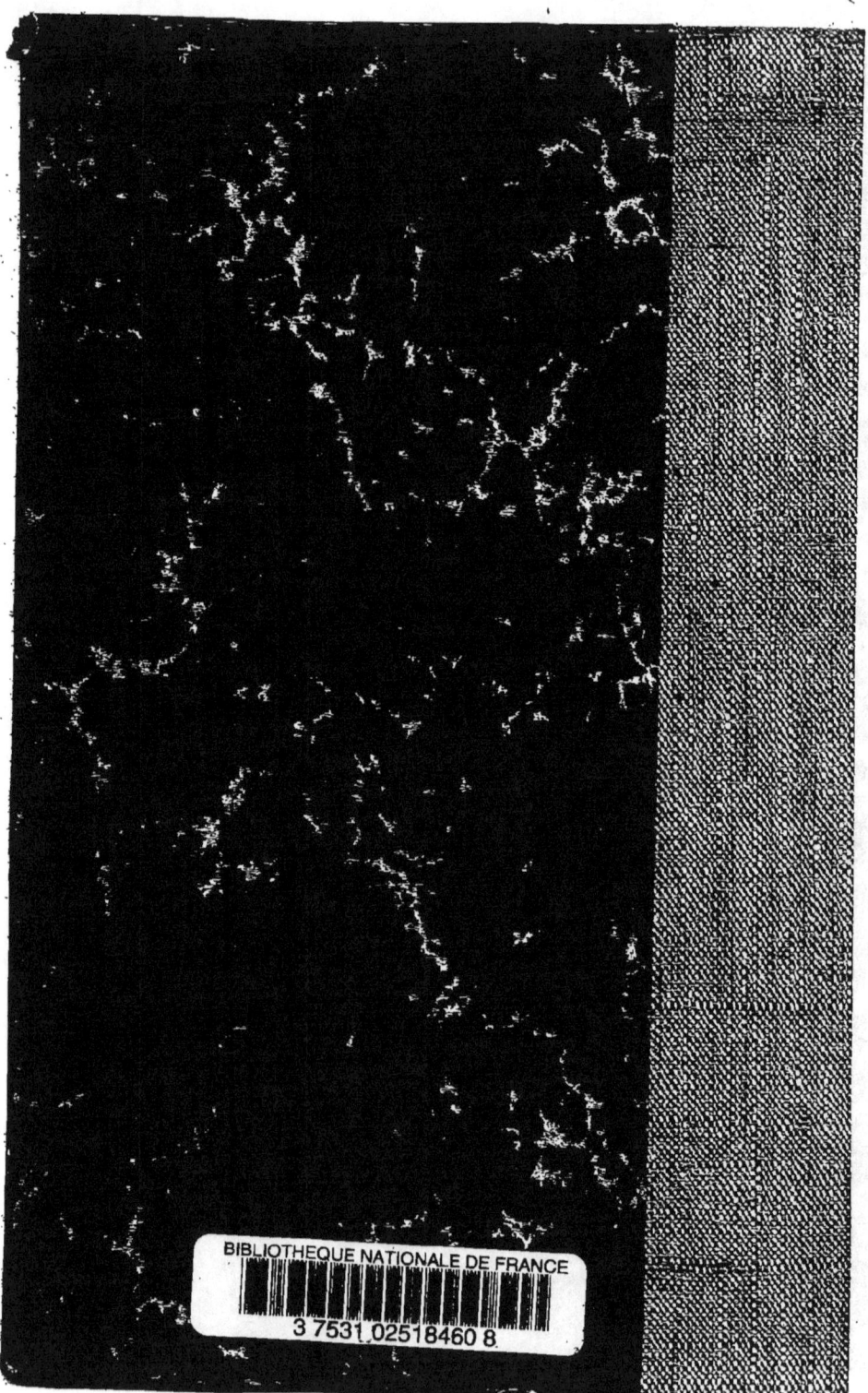

www.ingramcontent.com/pod-product-compliance
Lightning Source LLC
Chambersburg PA
CBHW070639170426
43200CB00010B/2071